Edmond Dante's

Dommages collatéraux

Divorces et manipulations

Quand la vérité prend le maquis,
les commérages dansent

L'histoire que vous allez lire a été charcutée, épurée, réduite à sa plus simple expression, pour ne laisser que l'essence de ce qui a fait basculer la vie d'un homme

Une manipulation si subtile et méthodique qu'elle ferait rougir Machiavel, orchestrée dans l'ombre pour obtenir un divorce pour faute, poussée jusqu'à l'absurde.

Mais derrière ces pages se cache aussi l'ombre de Dan, notre inoubliable agent immobilier. Un homme qui, comme tant d'autres avant lui, s'est laissé engloutir par une histoire trop lourde à porter.

Il a préféré disparaître, fuir la vérité, les mensonges, et cette honte qui se répandait comme une épidémie alimentée par les commérages.

On aurait pu écrire un roman-fleuve, une véritable « Bible » des événements embrouillés dans ce chaos. Mais à quoi bon ?

Ce n'était pas le but !

À force de vouloir tout détailler, de multiplier les répliques, on aurait fini par perdre le fil, noyant la vérité sous une avalanche de propos dignes d'un navet d'horreur.

Le dénouement, quant à lui, reste un mystère jusqu'à la fin. Une fin qui n'est pas si lointaine, et dont chaque mot vous rapprochera inexorablement.

La vérité, crue et sans fard, ne se dévoilera qu'en temps voulu, histoire d'éviter que le dégoût ne vienne gâcher votre plaisir de lecture.

Silence, on broie, ou l'art subtil de l'acharnement bien élevé !

Ah, interdiction formelle de se défendre, bien sûr !

Parce que dans ce monde idéal, tout effort pour préserver sa dignité personnelle doit impérativement passer sous la guillotine de la tranquillité ambiante.
Surtout ne pas déranger les voisins avec des vagues de contestation en recherchant de témoignages.

Alors, il semble que l'apathie stratégique soit la recette miracle. Une indifférence bien polie aux remous du monde, voilà l'ingrédient magique pour maintenir le calme du quartier et ne froisser personne.
Et puis, si on peut glisser quelques accords discrets pour échapper à cette camisole de force sociale, tant mieux !
Mais parfois, il faut bien coucher quelques vérités sur le papier. Et là, ça éclaire des rouages d'une efficacité presque sinistre.
Ce sont des accusations et des attaques si soigneusement distillées qu'elles pourraient presque être de l'art, sauf que le but est de broyer des existences pour préserver la réputation de ceux qui ont, disons, quelques casseroles bien encombrantes à dissimuler.

L'histoire se déroule en Europe, là où les lois et les règles s'arment de préjugés bien ancrés pour démanteler des vies. À croire que le système a trouvé comment se muscler tout en fermant un œil quand il le faut !

Mais pourquoi donc tant de zèle envers certains et tant de clémence envers d'autres ? Parce que oui, tout cela est bien réel, et l'absurdité de cette inégalité est, au minimum, digne d'une comédie noire.

On a ici un chef-d'œuvre d'incohérence institutionnalisée.

Montrer la perversion au grand jour, c'est, paraît-il, la seule façon de la disséquer. Un mal nécessaire pour, peut-être, rendre le monde un peu moins délirant à l'avenir.

Comment sortir les faits sans que toute une armée de marionnettistes hyper-organisés ne s'en trouve alertée ? Mon parcours ressemble à un pamphlet ironique sur la simple aspiration d'un individu à vivre une vie tranquille, loin de la mesquinerie et des manipulations. Mon seul et unique projet ? Travailler en paix, nourrir les miens et bâtir quelque chose d'honnête.
Ah, si j'avais su ce que je découvrirais derrière le rideau !

Alors, bienvenue dans ce récit où les perfides artistes du chaos seront travestis sous des pseudonymes bien choisis, pour qu'ils gardent leur anonymat. Mais qu'ils ne s'inquiètent pas, ils auront leur moment de gloire dans l'ombre.
Les lieux, eux aussi, seront modifiés ou dissimulés.
Une précaution essentielle pour éviter que ma recherche de tranquillité ne vire au cauchemar.
Un petit indice cependant : ce n'est pas le Liechtenstein.

La Victime, le Commandant et les lois du chaos ordonné

Elle ? On l'appellera « la Victime ». Son père ? « Le Commandant ».
Voilà, le casting est en place, et l'histoire peut commencer.

Allons, laissons les forces de l'ordre faire leur travail, n'est-ce pas ? Qu'elles se plongent dans ce méli-mélo et tâchent de dénouer ce qui n'aurait jamais dû être monté sans un solide réseau de soutiens complices.

Avec un peu de chance, la vraie justice trouvera son chemin au milieu de ce bazar.

Ce livre n'est pas un manuel du parfait espion, quoi que vous en pensiez. Ce n'est pas une invitation à traquer ou harceler dans l'impunité. Non !

C'est une démonstration presque didactique des dégâts collatéraux, d'un appauvrissement de l'inculpé pour amoindrir sa défense, une étude de cas sur la destruction personnelle en terrain miné.

Ce que je raconte ici aurait très bien pu se passer ailleurs, sous d'autres latitudes, dans un cadre légal à peine différent.

Malgré toutes les précautions, il me faut raconter les dilemmes, les impasses, les décisions absurdes que j'ai dû prendre.

Voici donc le récit d'un homme face à l'adversité, un homme qui voulait préserver sa famille et sa tranquillité tout en se retrouvant face à un jeu d'ombres où chaque manipulation devenait plus sinistre que la précédente.

Si quelqu'un se reconnaît dans cette histoire... eh bien, cela pourrait être un aveu de culpabilité. Qu'on se le dise !

Feu d'artifice et autres moyens subtils de régler ses comptes... ou pas

Printemps 2015. Le soleil brille, les idées se cristallisent, le vent du changement souffle, et je suis prêt à tout pour faire avancer mon projet. Un tournant se profile à l'horizon.

Voilà l'instant de l'apothéose !

Je me tiens en chef d'orchestre de ma propre rébellion silencieuse. Chaque commande, chaque réception, un acte d'une précision presque militaire. Puis l'explosion, libératrice, un feu d'artifice pour conclure le spectacle.
Une ultime transmission, adressée à mes clients, à mon réseau. Avec toute l'explication nécessaire pour ceux qui voudraient comprendre le pourquoi.

Mon fournisseur d'alcool et d'hydrocarbures a été, disons, très professionnel, en me livrant le nécessaire. J'ai tout disposé méticuleusement, prêt à en finir avec cette folie organisée.

Pour ce feu d'artifice magistral, il fallait de l'audace et du timing. Agir en silence, surprendre le monde comme un prestidigitateur redoutable. Avec une minutie quasi chirurgicale, chaque étape planifiée, sans laisser une seule seconde à quiconque pour intervenir. Une œuvre bien pensée, visant, bien sûr, à restaurer la « véritable » justice.

L'ironie n'a jamais été aussi... explosive.

Pendant ce temps, la pauvre Victime est en plein marathon de harcèlement. Soutenue par un avocat aux lamentations perpétuelles, elle déploie une imagination débordante pour m'attribuer tous les maux possibles.
Appels téléphoniques incessants, des lettres sorties tout droit d'un feuilleton de science-fiction, tout était bon pour constituer un dossier de calomnies sans fondement. Elle s'acharnait avec une créativité digne d'un artiste en mal de reconnaissance.

Trois heures du matin, c'est l'heure fatidique.

Une petite allumette, une lueur fugace, et le dénouement flamboyant. Tout le quartier endormi, aucune chance que des pompiers zélés viennent ruiner la mise en scène.

Les calculs sont parfaits : l'incendie sera suffisamment intense pour réduire cette demeure, construite de mes propres mains, en cendres. Une destruction bien maîtrisée, juste assez pour éviter les dégâts aux alentours.

Après tout, pourquoi faire souffrir les voisins ?

Mon site web dévoilera la vérité, un acte final, sans équivoque. Ce ne sera pas un simple « accident », oh non. Les assurances ne pourront donc couvrir ce grand spectacle libérateur, laissant la conjointe cupide se débrouiller avec les dettes, dénuée de tout bénéfice.

Elle devra assumer les conséquences de ses propres actes, sans échappatoire. Une justice poétique, non ?

Mais voilà, cette petite voix de la sagesse surgit, comme pour me proposer un ultime retournement. Certains, bien placés, sauront sans doute distordre les faits et masquer la vérité pour protéger leurs intérêts.

Les assurances, par exemple, pourraient fort bien épouser cette version retouchée.

Ah, ces braves gens adeptes de bénévolat bien placé, qui s'attribuent une vertu publique pour s'assurer de leur crédibilité !

Mais le vrai frein dans tout ce chaos, c'est cette pensée : mes enfants veulent rester avec moi. Les laisser, ce serait les exposer aux mensonges qui finiront par devenir réalité sans personne pour les contester.

Alors, je change de cap.

Il est temps de prendre les armes, de se défendre, de lutter contre cette machine à broyer.

Colonisation affective :
l'art de conquérir une maison
et ses habitants

Cette histoire a des racines qui plongent jusque fin 2005, une époque où chaque échange semblait tisser un réseau de destinées partagées. Passion, promesses, tout s'enchaînait comme dans un roman d'aventure.
Derrière ces illusions romantiques, pourtant, des intentions bien plus sombres se profilaient, se faufilant doucement à travers les éclats d'amour naissant.

Elle, une guerrière sans peur, critique invétérée du monde qu'elle qualifiait de fou. Pour elle, l'évolution chaotique de l'humanité était un signal qu'on aurait dû prendre au sérieux.
Bien sûr, avec le recul, se détacher d'un esprit aussi sombre aurait sans doute évité les déboires à venir.
Mais la clarté est toujours facile à voir... après coup.

Elle savait se montrer d'une gentillesse presque déconcertante, enveloppant son entourage d'une attention irréprochable. Et voilà qu'enfin quelqu'un, moi, la comprenait. Les liens se tissaient, se renforçaient, mais soudain des éclats de tristesse surgissaient, imprévus. Chacun de nous essayait de les dissiper, de les balayer comme de simples éclats de poussière.
J'étais là pour elle, toujours, tout comme tous ceux qui avaient un jour ressenti le privilège de la soutenir.

Avec déjà la garde de mon fils issu d'un premier mariage, accepter quelqu'un avec trois enfants ne m'effrayait pas. L'envie de former une grande famille où régneraient plaisir et volonté d'avancer ensemble me semblait naturelle, voire évidente.

Elle était tellement reconnaissante, comme si je l'avais arrachée des griffes de l'enfer où son ex-mari l'avait plongée. Elle est venue vivre chez moi, accompagnée de ses trois enfants. Elle voulait contribuer, pleine de grandes promesses qui, dans ce contexte, paraissaient crédibles.

Les règles se posaient : elle prenait les commandes, un vrai chef de tribu, prête à tout pour le bien de ses enfants. Des lits devaient être installés pour eux, bien sûr, et les meubles de sa grand-mère, inestimables, prenaient une place d'honneur au détriment des miens.

Quant à mes amis, jugés peu importants, ils perdaient de leur place. Progressivement, elle tissait son réseau, certains même lui offrant une aide financière, car, seule et sans emploi, élever trois enfants relevait de la haute voltige.

Petit à petit, la belle faisait son nid, s'appropriait chaque centimètre de l'espace, comme une colonie invasive bien implantée. Les semaines passaient, et le père de ses enfants devait venir les chercher à mon domicile, déclenchant immanquablement des scènes dignes d'un « soap opera » devant ma porte.

Le rendez-vous familial devenait un théâtre d'affrontements, elle, m'assurant à chaque fois que le géniteur de ses rejetons n'était rien de moins qu'un sombre salaud. Charmant.

Il était impensable, que dis-je, scandaleux, que ce pauvre père puisse venir en paix pour ses visites.

À chaque occasion, elle déterrait quelque grief, parfois un rien, parfois une micro-expression, juste pour créer de nouvelles frictions. De quoi alimenter une belle litanie de plaintes. Son excuse ultime ? Son avocate l'avait mal conseillée, et voilà que le père en profitait !

Toujours dans mon infinie compassion chrétienne, je l'aiguille vers mon ancien avocat, un vétéran du Barreau. Mais que pouvait-il faire, si ce n'était rédiger une collection de lettres de plainte chaque fois que ce père osait franchir le seuil pour ses droits de visite ?

Quand tout l'univers conspire : le combat contre des ennemis imaginaires

Le repos ? Un luxe qu'elle ignorait.

Obsédée par la marche à suivre, elle passait des nuits blanches, sans jamais lâcher l'affaire. Une tournée complète de médecins, de psychologues, même un mystérieux « médecin environnemental ». Il ne manquait plus qu'un astrologue pour compléter l'équipée.

Le fameux médecin environnemental, espèce rare et onéreuse, se voyait confier la mission d'identifier les poisons de son quotidien. Et les années défilaient, sans résultat.

Non, le « problème », c'était l'univers entier autour d'elle, bien entendu.

Et pendant qu'elle se demandait pourquoi le sommeil lui faisait défaut, ses pensées tournaient en rond, toujours à la recherche de la prochaine entourloupe.

Elle mobilisait également des psychologues pour enfants, sous le prétexte que sa fille de trois ans aurait soi-disant refusé d'aller chez son père. Le verdict du psychologue ? Aucun signe de rejet paternel.

Ce n'était que la dernière tentative pour ajouter une couche de drame au divorce.

On en arriva même à l'absurdité de prévenir la police avant chaque passage du père, histoire de sécuriser la fameuse « transaction » des enfants, histoire de verrouiller son statut de Victime.. Heureusement pour moi, mes retours tardifs du vendredi soir me préservaient de ces querelles pitoyables.

Clairement, ce type de relation aurait dû être éliminé dès le départ, parce qu'un jour, qui sait, je pourrais bien devenir le « problème » suivant.

À un moment, j'ai demandé, avec toute la discrétion du monde, à mon voisin de jeter un œil sur les événements du vendredi soir.

Son analyse ? La mère attaquait, le père répondait, et comme elle n'acceptait aucune contradiction, ça virait au drame. Elle avait déjà utilisé cette stratégie pour salir la réputation de son ex-mari lors de son premier mariage. Ah, l'art de transformer la moindre riposte en acte de violence...

Le prix du prestige : éducation 5 étoiles pour facture... salée

La petite atmosphère familiale se peaufinait avec le temps : le père des enfants, rebaptisé « le connard », et sa compagne, « la pute ». Ma propre ex-femme, quant à elle, fut promue au titre flatteur de « connasse ».

Et la Victime ? Appelons-la « Diabolique », ou restons simples : « la Victime » ! Son père, bien sûr, le « Commandant ». Le tableau est complet, n'est-ce pas ?

Leur divorce finit par être prononcé aux torts partagés, un résultat qu'elle accueillit comme une hérésie.

À la maison, les tensions montaient avec son grand fils, dont le comportement laissait à désirer selon ses camarades de classe.

Encore un chapitre à ajouter.

La solution évidente pour elle ? Une école privée prestigieuse, Saint Méridien, réputée pour laisser les enfants évoluer « à leur rythme ». Une école où plus l'élève progresse lentement, plus ça coûte cher aux parents.

Naturellement, cela n'aidait en rien à apaiser l'ambiance à la maison, mais les apparences, c'est sacré.

J'ai refusé de signer le contrat pour cette école hors de prix, expliquant simplement que mes moyens ne le permettaient pas. 450 euros par mois, sans parler des frais trimestriels additionnels que l'école recalcule pour toute raison « pédagogique » !

Et là, sous le regard du responsable des admissions, un chauve impassible, elle m'accuse d'égoïsme et m'arrache le contrat des mains, y apposant sa signature comme un acte de bravoure pour le « bien de l'enfant ».

Je lui dis alors qu'elle devrait assumer pleinement cette décision et que les fonds devraient suivre pour payer cette éducation de luxe.

Mais aucune inquiétude pour elle : son talent pour enrôler d'autres contributeurs dans ses projets est inégalable.

Elle se lia avec d'autres parents pour organiser un covoiturage quotidien. Mais évidemment, personne n'était disponible pour le trajet retour.

Son implication pour cette école, à faire des allers-retours de cent kilomètres, devint vite un sujet d'admiration parmi les professeurs, fiers de voir une mère si « dévouée » à l'éducation de son fils.

Et pendant ce temps, son fils consultait un pédopsychiatre pour ses problèmes de comportement, alors qu'elle était enceinte de notre premier enfant commun, soit son cinquième à gérer.
Mais rien ne l'arrêtait ; elle continuait sa course effrénée, partout, tout le temps.

L'année suivante, sans mon consentement, elle inscrivit mon propre fils à la même école, sans même demander ma signature. L'école, sans se poser la moindre question, l'accepta, ignorant mon refus initial.
Quand je lui fis savoir qu'elle devrait encore une fois assumer ce choix, elle me répliqua avec une gifle, m'accusant d'égoïsme et d'indifférence envers l'avenir des enfants.
La quitter à ce moment-là ? C'était risquer une destruction publique, d'autant qu'elle était enceinte de notre enfant.

Pour couronner le tout, il y avait une école gratuite à trois kilomètres, avec un service de bus inclus.
Trop simple, trop banal pour elle. Une hérésie, même, à ses yeux, qu'elle se plaisait à dénigrer en se justifiant à tout bout de champ.
Puis, la Saint Méridien ouvrit une antenne pour la petite enfance tout près de chez nous. Bien entendu, elle y inscrivit ses filles, et désormais, toute la famille fréquentait cette vénérable institution.

Le grand tour était joué !

Écoles, cris et stratégie : bienvenue au sommet international... du chaos organisé !

Avec la naissance du dernier-né et l'ensemble de la marmaille solidement ancrée dans cette école prestigieuse, on aurait dit qu'elle avait atteint le sommet de sa vision éducative. Un vrai bonheur de les savoir tous baignés dans cet environnement d'élite.

La voilà désormais embarquée dans un marathon perpétuel : entre les cours, les activités extrascolaires et les consultations médicales, elle courait comme une dératée.
Avec un bébé en plus, évidemment.
Tout le monde la soutenait du mieux possible, parce que, bien entendu, elle était débordée. Décidée, elle orchestrait tout d'une main de fer, et tout le monde devait suivre le mouvement, qu'il le veuille ou non.

En 2008, je me retrouve convoqué par le psychologue de son grand fils, qui voulait me partager sa vision : l'enfant avait besoin d'attention, de câlins, d'écoute. Il me demande mon avis, et je décris mon expérience : un enfant calculateur, avec des comportements très stratégiques.
Nous étions en Autriche, et ce gamin découvrait les joies du ski. Le soir, la grande tablée familiale respirait la sérénité, jusqu'à l'arrivée des grands-parents. Et là, le gamin démarre son numéro de mauvais comportement : il mangeait en faisant du bruit, criait, jusqu'à ce que sa mère craque devant les aïeuls, qui ne tardèrent pas à reprocher à leur fille de s'énerver pour un rien avec lui.
Une belle manipulation, orchestrée pour se poser en victime sous les yeux indulgents de ses grands-parents.

Je lui fais comprendre que son fils pourrait lui rendre la pareille.

Chaque après-midi était une épreuve pour ce gamin dyslexique, traité de tous les noms par sa mère, hurlant, sous prétexte qu'il « faisait exprès » de la provoquer.

Le psychologue, intrigué, me demande si je compte vraiment poursuivre cette union. Je lui réponds que, qui sait, peut-être que des solutions existent. Peut-être peut-elle apprendre, évoluer...

Peut-être...

Toujours voir le positif, n'est-ce pas ? Un idéal chrétien, certes, mais dans ce cas, il semble que le courage soit inutile.

Et puis, il faut bien se concentrer sur le travail, avec tout ce petit monde à loger et à nourrir.

Discipline de fer et silence d'acier : survivre à l'omerta familiale

Au fil des mois, une discipline de fer s'installa dans la maison, chacun se pliant aux ordres de peur d'affronter les tempêtes maternelles. Les explosions émotionnelles étaient monnaie courante, à la moindre faute, chacun retenait son souffle.

Les soirées finissaient en chutes éreintantes sur le canapé, non par fatigue physique, mais par l'épuisement mental d'une rumination sans fin.

Pas de sommeil réparateur, seulement une préparation mentale pour le prochain jour, pour garder le contrôle sur les enfants ou s'assurer que sa voix soit entendue.

Pendant ce temps, à l'extérieur, il fallait donner le change, afficher un visage impassible, feindre la sérénité, tout en passant des heures en consultations et en discussions sans fin avec des spécialistes de tout poil.

De temps en temps, un calme trompeur s'installait. Des moments de paix où chacun osait enfin respirer, savourer un repas sans incident.
Oui, il y avait des jours où tout semblait sous contrôle.
C'était rare, mais ces accalmies permettaient presque d'oublier les tempêtes.
Dans cette ambiance de faux repos, certains osaient même suggérer des solutions : une meilleure communication, des limites claires, un soutien thérapeutique... des remèdes miracles, en somme.

Rappelons que chaque famille est unique. Et dans des situations aussi complexes, le recours à un professionnel de la santé mentale pourrait s'avérer salvateur, une aide pour naviguer ce labyrinthe familial.

Au milieu de cet engrenage infernal de responsabilités parentales, je résistais comme je pouvais, tentant de garder le cap malgré les attaques incessantes.
Mais mon endurance s'étiolait.
La discipline imposée m'usait jusqu'à l'os, et dans un dernier élan de désespoir, je me réfugiais dans la fumée de mes Cigarillos, une pause illusoire dans ce tourment.

Pour s'octroyer un peu de répit, elle prit l'habitude de laisser les enfants explorer seuls la forêt, sans surveillance.
Quelques mois plus tard, une voisine, choquée, partagea son malaise en voyant ces petits s'aventurer seuls dans les bois. Mais personne n'osa aller lui parler

directement, préférant détourner le regard, se sentant incapable de réagir à ses répliques fulgurantes.

Une autre voisine du village voisin, scandalisée après une visite, raconta avoir vu les enfants en couches sur la route du village à 8 heure le matin, et jugea la scène anormale.
Bizarrement, elle semblait avoir oublié cet épisode lorsqu'il fut question de témoigner dans le divorce, peut-être par crainte de représailles.
L'omerta du village semblait inébranlable.

Tombe, trousse et vélo, ou comment faire de chaque geste un affront

Dans ce théâtre domestique, elle continuait de trimballer les enfants à la fameuse école Saint Méridien.
Parfois, elle laissait les plus jeunes, deux et trois ans, dans leurs vêtements de nuit pour qu'ils finissent leur sommeil en chemin. Une technique parentale révolutionnaire, n'est-ce pas ?
Il lui arrivait même de les laisser seuls le temps d'amener les autres au covoiturage. Après tout, que pourraient bien faire des tout-petits laissés sans surveillance pendant un instant ?
C'est ainsi que les petits pouvaient être vus en Pampers sur la route. Un véritable défilé de mode pour couches-culottes, sous le regard amusé des passants.

Elle prit aussi l'habitude d'inspecter chaque objet que mon fils rapportait de chez ses grands-parents.
Une trousse offerte par la grand-mère ? Retour obligatoire. Tous les petits cadeaux subissaient le même sort. Lors de mes visites à mon ex-belle-mère, elle exprimait sa perplexité face à cette étrange animosité envers les objets.

Puis vint l'idée géniale de s'occuper de la tombe de mon premier enfant, décédé en 1998.

Elle nettoya tout, planta des fleurs. Ce fut la première attaque directe contre la mère de mon fils. Lorsque celle-ci m'interrogea sur l'entretien de la tombe, je dus admettre que je n'en savais rien.

Et quand j'interrogeai la Victime, elle répondit fièrement qu'elle faisait ce qu'elle voulait, sans s'encombrer d'un avis extérieur.

Charmant.

Poussée par un goût certain pour le conflit, elle prenait également l'initiative d'aller chercher mon fils à l'école le samedi matin, obligeant son grand-père à le chercher chez nous pour le week-end.

Parfois, le grand-père, déboussolé, me demandait où était son petit-fils, et je ne savais pas quoi lui répondre. Heureusement, il s'agissait de quelques kilomètres à peine.

Finalement, le grand-père retrouva mon fils pédalant sur son vélo à quelques kilomètres de chez lui. La Victime avait déposé le vélo à 5 kilomètres de chez le grand-père, expliquant que ça ferait du bien au gamin de finir à vélo pour aller chez ce dernier.

Tenter d'expliquer cette situation à quelqu'un relève de la mission impossible. À croire qu'elle voulait attiser les tensions à tout prix.

Et que dire du grand-père, face à tout cela ?

À chaque départ pour un week-end, mon fils se retrouvait affublé de bottes en caoutchouc et de vêtements délabrés, son uniforme obligatoire, comme si elle tenait à le présenter sous son jour le plus négligé.

Etrange habitude, presque rituelle, qui reste encore un mystère à ce jour ! Était-ce une sorte de message caché, un désir de se poser en autorité suprême, ou une simple démonstration de mépris ? Qui sait ?

Maison en travaux, boutique en essor : ou l'art de bâtir en plein cirque

Dans cette maison, chaque pièce vibrante de l'agitation quotidienne, un autre univers se cachait, tissé de défis et d'ambitions.

Et au centre de cette fourmilière, moi, souriant, infatigable, restant commerçant dans l'âme, je jonglais entre les exigences de clients insatiables, ignorant totalement l'ampleur du cirque domestique en arrière-plan.

La Victime elle-même consacrait une énergie prodigieuse à mener à bien chacune de ses décisions, alimentant un tourbillon perpétuel.

Mes clients, eux, étaient bien loin de soupçonner la frénésie familiale cachée derrière mon service impeccable.

Certains clients allaient même jusqu'à me confier leurs états d'âme, pensant peut-être que j'avais la clé des mystères d'un monde devenu insensé.

Avec un sang-froid sans faille, je les écoutais, prodiguant conseils et encouragements comme si j'étais immunisé contre les tourments personnels.

Pendant ce temps, l'envie d'agrandir la maison devenait urgente.

Mais comment entreprendre une telle transformation ? Un travail de titan, où chaque outil reprenait vie dans mes mains : scies, bétonnières, tournevis, tout y passait. Chaque coup de scie, chaque brassée de béton, c'était une ligne de plus que je rayais sur ma liste interminable de tâches.

Les enfants, curieux, s'immisçaient dans ce bal de bricolage, apprenant à manier les outils, absorbant l'art de créer avec leurs mains.

Pendant ce temps, une petite boutique de produits locaux s'organisait dans le village pour subvenir aux frais de l'école. Bien sûr, le Commandant, toujours occupé par d'autres obligations hautement prioritaires, n'a jamais daigné y mettre les pieds pour aider. Et pourtant, il ne manquait jamais de nous gratifier de ses remarques régulièrement désobligeantes.

Ce petit dépôt alimentaire, autrefois modeste, s'était transformé en un charmant coin de délices artisanaux. Je me souviens avec une certaine nostalgie des six mois d'aménagement.

Pendant une année entière, l'enthousiasme battait son plein. Une belle époque, vraiment.

Tandis que le commerce prenait de l'ampleur, je découvrais de nouveaux producteurs, de véritables trésors gustatifs. Une belle harmonie émergeait, les saveurs éblouissaient, et les revenus augmentaient, apportant une stabilité rassurante dans ce chaos quotidien. Les enfants, eux, profitaient des délices de qualité, un petit luxe dans cette tempête.

Générosité pour l'école, austérité pour la maison, ou l'art de prioriser l'absurde

Puis les difficultés ont commencé à se faire sentir. Les étagères restaient vides plus longtemps qu'elles n'auraient dû. Comme si la magie s'était évaporée du jour au lendemain.

La Victime s'en est désintéressée, sauf pour les commandes spéciales pour l'école Saint Méridien. Celles-ci étaient soigneusement livrées et bénéficiaient d'une réduction de 5%, parce qu'il fallait, bien sûr, montrer encore plus de générosité envers cette institution. Ironique, n'est-ce pas ?

Les dépenses continuaient de monter. Madame le « Ministre de la Dépense » déclara à nouveau le compte en banque vide, me pressant d'aller voir le banquier. Je refusais fermement, sachant que tant qu'elle ne réduirait pas ses excès, aucune banque ne pourrait sauver nos finances.

Les coûts astronomiques de l'éducation, les trajets interminables, les vacances en Autriche imposées chaque Noël — tout cela menaçait de nous noyer financièrement.

Les trois dernières années de lignes de crédit avaient enfin atteint leur limite.

Qui l'aurait cru ? Il devenait clair que les dépenses superflues devaient être éliminées. Mieux vaut tard que jamais, n'est-ce pas ? Les 5.000 € initialement prévus pour l'ingénieur, pour calculer la stabilité d'une voûte de 5 mètres, et le béton pour agrandir la maison, furent redirigés pour stabiliser les comptes.

Un ultime effort de bon sens... ou simplement un acte désespéré.

Les deux aînés, désormais, devenaient ma main-d'œuvre improvisée, remplaçant le livreur de béton en mélangeant et transportant le béton à la brouette et aux seaux pour cette extension de trente mètres carrés.

Parfois, la nécessité nous pousse aux solutions les plus radicales.

Pendant ce temps, la Victime persistait dans son refus de travailler. Elle m'accusait d'obsession pour l'argent, insinuant que désormais, elle devait se sacrifier au nom de mes valeurs archaïques.

Et la question se posait : pourquoi deux ados étaient-ils contraints de manipuler des tonnes de béton pour rattraper les finances familiales ? Une situation absurde, et pourtant, personne ne semblait voir l'absurdité de cette charge imposée à ces jeunes.

Polyglotte et diplômée, la Victime aurait pu reprendre un travail stable et bien rémunéré. Mais non, les dépenses extravagantes pour les enfants étaient sa priorité, tout en insinuant vers 2012 auprès de l'entourage que je n'étais qu'un radin agressif, incapable de subvenir correctement aux besoins de sa famille.

Du contrat notarié au chaos familial, ou l'art de l'entourloupe légalisée

Avant le mariage – parce qu'il y eut donc bien mariage ! – un notaire, grassement rémunéré, rédigea un contrat interdisant aux enfants de vendre la maison tant que la Victime vivrait après mon décès.
Je signai sans comprendre, embarqué dans un vieux français, texte juridique incompréhensible, qui permit par de subtiles manœuvres de liquider en grande partie la maison que je possédais avant cette union hasardeuse.

Les anniversaires, censés être des moments joyeux, devenaient des marathons de perfection pour plaire au Commandant. Elle, accablée de responsabilités qu'elle ignorait le reste du temps, et moi, réquisitionné pour un ménage de fond, une tâche qu'elle dédaignait royalement.

Les enfants, eux, subissaient les instructions : tout devait être impeccable, et pas un bruit ne devait troubler la fragile harmonie de la journée.

Je me prêtai à ce rituel, observant cette maison avec un regard critique, cherchant un brin de clarté dans ce chaos ritualisé. La Victime, quant à elle, s'affairait aux préparatifs avec une nervosité palpable.

Les invités arrivaient, tous les habitués, y compris ce cousin virtuose de l'informatique et moraliste de circonstance. Un homme prompt à dénoncer les abus sur les animaux, mais étrangement muet face aux dysfonctionnements de notre famille.

Son grand fils, fidèle au poste, débarque en saluant tout le monde, avant de céder, inévitablement, à ses bêtises habituelles. Les réprimandes fusaient, et la boucle de reproches englobait non seulement le gamin, mais aussi la Victime, sous l'œil réprobateur du Commandant : « Pourquoi faut-il que tu t'énerves toujours avec lui ? »

Lassé de cette répétition infernale, je décidai d'agir et me rendis chez mes futurs beaux-parents pour solliciter l'aide de la femme du Commandant. Elle, cigarette et café en main, lâcha un « oui » vague et peu encourageant, laissant entendre qu'on verrait bien si elle daignerait s'en mêler.

Je leur ai fait remarquer, à ces beaux-parents taciturnes, qu'ils avaient été témoins des nombreuses défaillances de leur fille, et qu'il serait peut-être judicieux de prendre en charge les enfants le temps qu'elle se refasse une santé. Après tout, un peu de repos lui serait plus que bénéfique.

La réponse de la femme du Commandant ? On aurait cru qu'un homard venait de découvrir qu'il flottait dans son aquarium.

Une indifférence glaciale, à la limite du comique !

Il devint clair que derrière leur façade soignée, aucune aide n'était à espérer. Tout ce qu'ils offraient, c'était des critiques. Mais bien entendu, ma résilience et mon sens des responsabilités prenaient le dessus.

En parallèle, les cadeaux s'entassaient, comme si combler le vide émotionnel par des objets clinquants suffisait.

À chaque demande d'un enfant, le plus cher devait être choisi, et le Commandant, sûr de lui, me coupait court en affirmant que c'était son affaire.

Les baptêmes des petits devenaient des banquets dignes de la noblesse, avec parrains et marraines à foison pour pallier l'absence de l'oncle épuisé, qui avait visiblement pris la sage décision de se retirer de ces scènes navrantes.

Un de moins pour les enfants à subir durant ces comédies !

Écolo en façade, diesel en coulisses, ou l'art du grand écart entre « vertu publique » et « vide privé »

Leur inaction, bien camouflée sous une fierté feinte, était évidente. Pendant qu'ils profitaient des mets que je préparais, je ne pouvais que constater l'abîme entre leur façade publique et leur néant affectif. À leurs yeux, servir la belle-famille semblait être le strict minimum attendu de ma part.

En privé, la réputation du Commandant était bien connue. Ceux qui le fréquentaient murmuraient le même genre d'anecdotes, mais personne n'osait le défier, bien trop soucieux de leurs carrières pour contrarier un homme aux bras si bien tendus dans la communauté.

Être Commandant, c'est maintenir une image impeccable, une poigne de fer, des contacts stratégiques... et surtout éviter de se salir avec les banalités du quotidien.

Une voisine aurait voulu témoigner contre la Victime, mais travaillant au Centre hospitalier, elle préféra se taire pour éviter des ennuis professionnels. La peur du Commandant semble planer sur tous, sauf sur moi.

Car, contrairement aux autres, j'avais l'audace de répondre à ses ordres d'un sec : « Et qui va payer ? » Une question simple qui avait le don de lui faire grincer des dents.

La situation a atteint un sommet quand il déclara qu'il prendrait en charge tous les enfants, y compris le mien, pour les éduquer « à sa façon ».

Voilà, le masque tombe : le Commandant et sa sollicitude destructrice, toujours prêt à imposer des solutions radicales sans jamais sacrifier son confort personnel. Entre une belle-mère au caractère d'acier et un grand-père imbu de lui-même, espérer du soutien relevait du pur fantasme.

Si seulement le monde était une scène où chacun pourrait jouer sa comédie pour obtenir la crédibilité tant convoitée ! Le jeu consiste à infiltrer des cercles, à s'immiscer parmi les parents de la Saint Méridien, cette fascinante fourmilière d'ego.

S'investir dans tout cela permet de s'éloigner de la famille tout en façonnant une image d'individu soucieux du bien commun.

Puis, évidemment, il fallait aussi afficher une âme charitable : Greenpeace, des fonds dispersés généreusement, même si, à la maison, on en manquait cruellement.

Mais pourquoi douter ? Cela sert certainement au bien-être de tous... ou du moins à la façade.

Pour parfaire le tableau, quoi de mieux que de s'engager dans la commission de l'environnement de la commune ? Un joli échappatoire, bien plus attrayant que de simplement dire « bonne nuit » aux enfants.

Un cri, une colère, et le tour est joué pour rappeler qui règne à la maison !

La commission de l'environnement ? Peut-être pensait-elle y trouver des solutions pour son propre climat familial. Mais non, rien de spirituel, juste une énième activité « verte » pour sauver la planète.

Participer à de nobles causes donne une allure de bienveillance, car qui pourrait soupçonner de malveillance une personne soucieuse de la Terre ?

Mais l'absurdité atteint des sommets : parler décarbonisation tout en conduisant les enfants à 50 kilomètres de là avec un diesel bien fumant ! Et pourtant, ces contradictions semblent s'évaporer dès qu'il s'agit de flatter l'image publique.

La plupart de ces « activistes » ne cherchent qu'à parader en société. La vérité, dissimulée derrière cette générosité de surface, est que le vrai service à la famille est délaissé.

Mais qui oserait critiquer une personne aussi dévouée ?

De la quête de paix au chaos familial quotidien : foncer à 150 (€) à l'heure

Alors, pour percer le mystère du sommeil troublé, on fait appel à des experts aux honoraires stratosphériques, non couverts par les caisses maladies. Leur talent pour identifier le vide est inégalé, à 150 € de l'heure.

Ces « spécialistes » attendent que vous leur serviez la réponse sur un plateau. Et en plus du médecin de famille, un autre thérapeute de luxe s'ajoute à la liste, avec des séances de deux heures pour pénétrer les mystères de la nuit.

Mais dans le cadre de cette famille, la psychiatrie semble inefficace. La vérité, bien dissimulée, demeure insaisissable. Et le médecin, à qui elle cache tout, reste à mille lieues d'une vraie solution.

Pourtant, la Victime prétend chercher la paix, suggérant à demi-mot qu'elle trouvera une issue à cette vie chaotique. Elle souhaite le réconfort, bien sûr, mais surtout de son mari, qu'elle ne cesse pourtant de décrire comme un être vénal et obnubilé par le sexe.

Ceux qui la côtoient connaissent bien ses humeurs changeantes : un volcan de colère capable de se métamorphoser en ange pour décrocher le téléphone.

Pour épargner les enfants, mieux vaut éviter de citer les pires insultes qu'elle réservait à son entourage. Des termes dégradants et cruels pour parler du fils de son mari, tout en prêchant la bonne parole le dimanche.

Schizophrénie, personnalités multiples, bipolarité voire quadri-polarité ? Allez savoir ! Ses comportements fluctuent sans cesse, créant un enfer pour son entourage.

Il ne faut pas être psychiatre pour percevoir le désastre, même si l'avouer est une autre affaire.

Lorsque l'école souhaita faire avancer sa fille en fonction de son âge, elle s'y opposa avec un roman d'arguments sur 8 pages, luttant pour la maintenir au niveau inférieur. Mais l'école resta ferme, et la fit progresser avec ses pairs.

Pendant des années, entre obligations familiales et professionnelles, j'avançais avec l'espoir de voir enfin la lumière percer les nuages.

Quand la vérité dort à l'hôtel,
la culpabilité refait le lit

En 2012, le tournant : la Victime sort ses bras meurtris comme preuve, et voilà que je suis chassé de mon propre foyer, escorté par la police sous le regard de mes enfants, muets témoins de cette tragédie.

Un sourire amer se dessine sur mes lèvres.

Trois heures passées à relater ma version, expliquant que les « blessures » étaient dues à mes tentatives de calmer, de maîtriser ses explosions, non à des coups.

Mais la vérité, elle, restait hors d'atteinte.

Ils me ramenèrent au domicile pour récupérer mes affaires, direction l'hôtel.

Plus tard, elle m'appelle, me sermonne, explique que je devais « apprendre la leçon ».

4 heures d'un monologue au téléphone pour m'imposer ses conditions, avant de venir me chercher le lendemain.

Une semaine passe, et la commissaire arrive pour un bilan.

Malgré la tension, je l'accueille avec un sourire, expliquant calmement la réalité.

Elle note que mon exclusion n'aura finalement duré qu'une nuit, l'épouse étant venue récupérer son « agresseur » dès le lendemain.

Les juges en tireront sans doute des conclusions pour l'avenir.

Quand foncer droit dans le mur
devient... un art de vivre

La vie reprend son cours, sans les pénibles dîners chez le Commandant.

Étrangement, c'est déjà une bénédiction en soi ! Enfin une source de paix retrouvée, comme si chaque page tournée éloignait les tumultes du passé.

On avance, en espérant que le futur sera moins agité.

Une fois ses objectifs atteints, elle retombe dans sa routine bien huilée, ignorante et bruyante. Les éclats de voix contre sa propre famille deviennent des tempêtes que tous préfèrent ignorer.

Un matin ordinaire, dans une frénésie de départ pour l'école, elle embarque toute la famille à grande vitesse dans le minibus. En moins d'une minute, tous sont en voiture, moteur vrombissant, sans qu'elle n'ait le temps de remarquer le chat endormi sur la roue avant. Et voilà, le chat fait le tour de la roue en guise d'adieu, devant les yeux horrifiés des enfants.

Elle court, elle fonce, sans jamais ralentir, détruisant tout sur son passage.

Quand je propose un rendez-vous chez le comptable pour éclaircir nos finances, elle reste muette, comme si la gestion du temps n'était pas son affaire.

J'insiste, je multiplie les tentatives, jusqu'à ce qu'elle daigne enfin lâcher un désinvolte : « De toute façon, je n'ai pas le temps. »

Après tout, pourquoi risquer qu'un comptable découvre le compte caché qu'elle alimente régulièrement en prétendant un manque de rentrées d'argent ?

Les accusations fusent, mais je persiste, espérant un jour la voir réduire ses dépenses. Elle continue de foncer, comme une voiture à 200 km/h sans destination, emportée par une course effrénée qui échappe à toute logique.

Une fuite d'eau dans la cuisine met fin aux services de la femme de ménage.

Le parquet en chêne révèle des zones sombres, témoignage d'une méthode de nettoyage douteuse. Plutôt que d'éliminer la saleté, elle l'étalait méthodiquement, créant un dégradé de couleur artistique. Avec un balai et une serpillière, elle transformait le parquet en toile.

J'ai mis un terme à cet « art », ce qui entraîna son départ.

Curieusement, la Victime, présente pendant les séances de nettoyage, ne s'en souciait guère, préférant chercher sur internet les réponses à toutes ces questions perpétuelles.

Par contre, les critiques pleuvent sur moi pour avoir supprimé l'aide-ménagère ! Après tout, avec tant à gérer, il ne lui reste que le dimanche pour s'occuper du ménage... sauf que, le dimanche, jour du Seigneur, tout travail est proscrit.

Alors quand accomplir ces tâches ? La question reste ouverte.

Le beurre, l'argent du beurre...
et le sourire du psychiatre

Du lundi au vendredi, l'école et les spécialistes monopolisent nos vies. Le soir, après le travail et les repas, on est épuisé. Le samedi, c'est le tour des activités extrascolaires.

Et moi, je contemple le chaos de cette existence, cigarillo à la main, sur les marches de l'escalier. Peu importe ce que je fais, je serai toujours le salaud de l'histoire.

Mais au fond de ce désordre, il reste l'espoir d'un minimum de bien-être pour les enfants, qui tentent de naviguer dans cette épopée familiale.

Le week-end, après avoir servi mes clients, je consacre mon énergie à agrandir la maison. Chaque pierre de la voûte de 5 mètres que je monte témoigne de l'effort nécessaire pour accommoder cette vie tumultueuse.

Entre la démolition, la préparation des sols, les murs, et les réparations de jouets, mes mains sont devenues le pivot de cette maison.

La Victime, quant à elle, continue son chemin destructeur.

Elle propose des séances chez un psychiatre allemand, à 300 euros la consultation. Malgré la barrière de la langue, j'accepte, prêt à jouer selon ses règles.

Après quelques séances, le psychiatre révèle la vérité : je suis pris dans un jeu où la seule issue est de dire « non ». Ce psychiatre éclaire la situation : elle rêve de la campagne avec le luxe de la ville, un rêve que même un salaire de 15 000 euros ne satisferait. Sa soif de formations et d'occupations est un moyen d'éviter ses vraies responsabilités familiales.

La solution ? Dire non.

Ce conseil résonne, mais je sais que la route sera longue pour en appliquer les leçons.

Dans l'ombre d'une vie en apparence paisible, je porte un sourire déterminé. Elle, de son côté, se dessine en Victime, en faisant de moi un présumé agresseur.

L'apparence joue en sa faveur, mais une question subsiste : pourquoi reste-t-elle ?

Quand la comédie dépasse le drame, ou l'art de quitter la scène en beauté

Les obligations sociales diminuent, et les anniversaires et autres activités se raréfient. Il devient évident que notre situation commence à attirer les regards extérieurs.

L'année 2012 se termine avec des vacances prévues en France.
Mais le matin du départ, elle se plaint de douleurs soudaines. Malgré des pauses répétées, elle demande à être déposée à la clinique. Un coup de théâtre en vue du grand départ !
Le périple se poursuit avec un détour par chez le grand-père, qui offre à son petit-fils... des feux d'artifice. Une audace singulière venant d'un expert en sécurité.

Le 8 janvier 2013, mon voisin m'informe que ma maison est en train d'être vidée.
Les douleurs soudaines ? Un prétexte pour enclencher une procédure de divorce pour violences conjugales. Le juge a ordonné son hébergement ailleurs, marquant un nouveau chapitre.

Le soir, elle m'appelle pour m'expliquer la situation.
Je laisse faire, jusqu'à ce qu'un huissier débarque avec une assignation de divorce. Inutile de décrire le contenu, car l'enveloppe reste fermée. Dans sa conscience tranquille, elle se croit enfin libérée.
Deux jours plus tard, un appel retentit : « Peux-tu venir ? Je suis aux soins intensifs, en crise chez mon père. » Par devoir, je m'y rends, mais l'accueil est glacial, l'infirmière me toisant avec dédain.

À sa sortie, elle me demande de la ramener dans sa nouvelle demeure, un vieux logis en désordre total. Les meubles sont démontés, ses parents sont là pour observer mais non pour aider.

Pardon facturé à la minute et culpabilité gratuite, ou l'art de l'ironie domestique

Pendant des semaines, je jongle entre les deux maisons, transportant ses affaires pour l'installer correctement.

Avec mon fils, je m'en vais passer le week-end, car voir la Victime n'apporte à mon fils que des insultes. Ironiquement, au début, elle voulait qu'il l'appelle « Maman ».
Mais quelle « Maman » ?

J'arrive, et son fils m'informe qu'elle est alitée. Peut-être a-t-elle avalé la pharmacie entière… qui sait ?
Elle me met à la porte avec tous les enfants, ayant même signé un document pour me confier la garde.

Un trésor de papier pour l'avenir.

Pendant six semaines, je ramène chaque meuble dans la maison, jonglant avec mes livraisons.
La belle-famille, bien entendu, est absente.
Le père menace d'appeler la police, ce que j'encourage vivement.

Et ainsi, la vie reprend son cours, ponctuée de séances chez des psychologues.
Ce psychologue organise des séances de trois minutes pour constater que nous ne pourrons jamais dialoguer.
Elle n'attend que le discours du « mari repentant », rôle que je refuse de jouer. Des rendez-vous séparés sont planifiés, ajoutant à la manipulation.

Chantage émotionnel, le « compte de faits » continuel

Et en mai 2013, le téléphone sonne.

La Victime a contacté un urologue pour discuter de la réversion de ma vasectomie. Apparemment, elle souhaite un nouvel enfant.

J'écoute les explications du médecin avec amusement.

Elle insiste pour fixer une date d'intervention, convaincue que je suivrai encore son plan, prouvant ainsi que ses intentions se poursuivent, malgré tout.

L'opération, prévue pour août 2013, venait avec une condition : elle devait renouer le contact avec mon fils, à qui elle n'avait jamais offert le traitement qu'il méritait.

Je n'avais aucune intention de le remplacer.

Les mois passèrent, sans aucune tentative de sa part pour se rapprocher de lui.

Résultat : l'intervention fut annulée trois jours avant la date, sans souci pour le spécialiste, un de mes clients réguliers. Je lui expliquai que je n'avais aucun besoin de remplacer mon fils et que son comportement n'allait pas lui permettre d'obtenir ce qu'elle voulait. Avec cinq enfants, ça devrait suffire !

Avec le recul, ce qui reste amer, c'est de réaliser qu'il y a seulement cinq mois, on m'aurait envoyé en prison et obligé à payer des dédommagements pour des violences inventées.

Les vacances en Autriche, quant à elles, furent abandonnées au profit d'activités plus modestes.

Éducation version freestyle,
ou l'art de l'école buissonnière officielle

Cherchant à réduire les coûts, elle eut l'idée de faire l'école à la maison.

Elle s'immergea dans des recherches interminables pour trouver des arguments solides, malgré la présence d'écoles publiques tout à fait correctes. D'autres ont bien réussi avec un parcours public !

Finalement, elle extirpa d'un texte du rectorat une interprétation permettant cette option. Une institutrice de la Saint Méridien voyant la situation, proposa même de prendre en charge les frais de scolarité. Je la remerciai poliment, précisant que seule l'école publique était envisageable et qu'il n'était pas question d'abuser de sa générosité pour résoudre les dépenses d'autrui.

Mais son talent pour embarquer son entourage dans la résolution de ses propres problèmes l'emporta, alors qu'un simple transfert des enfants à l'école communale aurait réglé bien des soucis.

Trois semaines plus tard, un voisin remarqua mes enfants dans la rue, en pyjama, clamant avoir terminé « l'école » à 9 heures du matin.

Et le soir, ils étaient toujours dans la même tenue, ravis de ne pas devoir se changer.

Début 2014, retour à la Saint Méridien, mais l'empreinte de cette expérience restait inscrite.

Dire « non » !
le premier pas vers la paix...
mais seulement intérieure

Cette année-là, je pris une décision : le « NON » devenait ma nouvelle ligne de conduite, un rempart contre les exigences incessantes.

Dorénavant, elle devait réaliser ses désirs seule.

Fini les courses effrénées pour combler chaque caprice. Je lui rappelai que c'était le psy, son propre conseiller, qui m'avait encouragé à sortir de ce « jeu ». Elle s'emporta, prétendant que « ce n'était pas un jeu ! »

Le monde ne se pliait plus à ses idées, et cette réalité semblait moins lui poser problème que le moment où son fils me demanda de réparer son vélo. Je lui répondis de tenter lui-même avant de venir me voir.

Un véritable changement s'était opéré.

Cependant, les hypocrites pullulaient encore, croyant détourner le regard de la Victime. Ce retour à la maison exposait sa responsabilité bien plus que ses prétentions à la victimisation.

On aurait presque cru à un début de repentance, car elle acceptait du bout des lèvres les solutions proposées par le psy. Mais un point noir persistait : l'indifférence de son père, cloîtré dans son mutisme, refusant de voir la vérité de ces idées misérables.

Les années de manipulation avaient laissé des traces, et ceux qui cherchaient à résoudre ces conflits avaient bien le droit de se sentir floués.
Quant à moi, en 2014, je trouvai refuge dans une passion inattendue : démonter et restaurer un piano centenaire, une expérience qui m'absorba bien plus que la comédie familiale.

Le clou de cette année fut l'organisation de soirées conviviales avec des amis pour créer une table d'hôtes.

Mais tout cela n'avait guère d'attrait pour elle, car elle ne pouvait plus contrôler les moindres détails. Elle savait bien que l'argent ne se dirigeait plus autant vers son compte caché, révélé en 2016, mais son histoire perdait de son intensité.

Les adieux version tragi-comique, ou l'art du calcul sentimental

Au début de 2015, elle annonça une rencontre décisive avec un avocat pour conclure « notre histoire ».

Le 8 janvier, nous étions assis dans le bureau, où elle déclara d'une voix tremblante, la tête tombante sur le bureau : « Il faut que tout cela s'arrête. La semaine prochaine, je déménage avec les enfants. »

L'avocat de madame se voulait léger, parlant d'« arrangements » et de « simplifications », mais je demeurai silencieux, sachant que ce théâtre ne m'intéressait pas.

Quelle farce ! Je pris donc la décision de choisir mon propre avocat.

Une semaine plus tard, elle fit son départ, organisant son déménagement avec un groupe d'amis de longue date.

Juste avant, elle jugea bon de sceller cette séparation par une dernière tentative ambiguë, un jeu qu'elle maîtrisait à merveille, un dernier coït juste avant de prendre ses affaires.

Dans son nouveau logement, elle retomba dans ses anciennes habitudes, m'invitant à partager des repas, tentant de maintenir un lien. Cela me permit de me plonger dans les relevés bancaires, révélant des mystères financiers soigneusement dissimulés. Elle me proposa même de « reprendre » la maison, tout en maintenant une attitude douce mais calculée.

Mais l'option de l'arrangement silencieux me déplaisait, car la vérité de cette histoire méritait d'être révélée.

Mon avocate, bien que recommandée pour sa prudence, savait que ce cas allait bien au-delà des simples compromis, et la nature même du divorce imposait une autre approche.

La Victime continuait son jeu, douce et conciliatrice un jour, colérique et intransigeante le lendemain.
Mais le changement devait être permanent, une tranquillité pour tous.

Quand les clés tournent dans le vide, et que la loi tourne en rond

Janvier et février passèrent, et elle vivait comme si de rien n'était, m'invitant parfois à dîner chez elle.
Dans le silence de ma solitude, je m'étais inscrit sur un site de rencontres, espérant trouver un peu de paix ailleurs.

Elle n'en manqua pas une : « Tu vas à Lyon, non ? »
« À Lyon ? Et pourquoi donc ? »
« Oh, comme ça, pour savoir... »

Les jours passant, elle devenait de plus en plus suspicieuse, assurant que je la trompais, et que j'avais une relation à Lyon, ajoutant même que j'utilisais des « Bisous » dans mes messages.
« Tiens donc, comment le sais-tu ? »
« C'est toi qui le racontes, et des gens bien intentionnés viennent tout me dire. »

Le ridicule de cette situation m'amena à tout partager avec mon avocate, soulignant que la Victime en savait bien plus qu'elle ne devrait.
Bien qu'on me déconseillât de porter plainte, rester passif était hors de question. Ignorer la situation

aurait été admettre la véracité de ses accusations, car en plus je n'ai jamais raconté ceci à qui que ce soit.

Le 11 février 2015, en désespoir de cause, je me rendis au commissariat pour déposer une plainte d'intrusion dans mes communications.

Le policier me demanda si j'avais changé mes mots de passe.
« Non », répondis-je.
« Alors changez-les, et elle ne pourra plus accéder au serveur de la Poste ».

Pourtant, rien n'était simple dans cette histoire.
Entre les méandres de la légalité, j'étais tenu de respecter chaque protocole, car tout écart risquait de se retourner contre moi.
Le plus absurde était qu'en l'absence de séparation officielle, je ne pouvais même pas changer les serrures de la maison.
Sinon, elle pourrait se plaindre d'être empêchée d'entrer chez elle. Ironie de la loi : elle pouvait entrer et sortir à sa guise dans une maison qu'elle avait pourtant fui.

Lorsque la serrure de la porte d'entrée nécessita un remplacement, je me retrouvai contraint de lui fournir un double de clé, bien qu'elle ait refusé de le prendre.
Selon la loi, sa nouvelle résidence était une résidence secondaire, mais sans preuve qu'elle refusait la clé, je ne pouvais rien faire.
Résultat ? Je dus laisser la porte ouverte jour et nuit. Même mon avocate ne trouvait pas de solution satisfaisante.

Avec nos finances déjà précaires, engager un huissier pour lui livrer la clé semblait irréaliste, bien que ce fût une solution viable. Heureusement, le village était paisible, et les portes pouvaient rester ouvertes sans grand risque de cambriolage.

Mais dès mars 2015, une ombre malveillante semblait rôder, exploitant les failles de la loi pour mieux me harceler, s'introduisant dans ma tranquillité comme une présence insidieuse.

Le client est roi...
Qui est prisonnier ?

Dans le silence de la nuit, le téléphone brisa cette quiétude, sonnant comme un présage lugubre. Un numéro masqué !

Commerçant de profession, un numéro caché pouvait être celui d'une cliente âgée en détresse. En tant que professionnel, l'accessibilité était cruciale, même si cela signifiait parfois répondre à des appels troublants. Mes clientes âgées n'avaient pas de lignes modernes, leur numéro n'apparaissait jamais, ce qui ajoutait à la complexité.

Mais à l'autre bout du fil, la Victime elle-même, déversant un flot d'accusations et de menaces.

Je restai silencieux, mais elle évoqua avec machiavélisme des allégations de violences conjugales, nourries au fil des ans. Je raccrochai, tentant d'échapper à ce torrent de toxicité, mais elle rappela, encore et encore.

Une danse macabre de raccrochages et de rappels, jusqu'à atteindre 90 appels en une heure. La nuit devint un cauchemar où les ténèbres du harcèlement se mêlaient à la tragédie d'une vie prise au piège.

L'avenir révélerait la persistance de ce scénario. Changer de numéro était impensable, au risque de perturber mon entreprise fragile.

Ma situation restait donc à la merci de cette force obscure qui s'acharnait. Mon avocate, bien consciente de l'instabilité de ma future ex-femme, semblait cependant impuissante à enrayer cette avalanche d'accusations.

Malgré la tension, chaque matin, je me levais pour honorer mes engagements envers mes clients.
Mais dans les coulisses, la rumeur s'infiltrait, orchestrée habilement par mon ex. Peu à peu, certains clients prenaient leurs distances, tandis que d'autres, non clients, laissaient filtrer des sous-entendus.
En surface, tout semblait aller, mais cet équilibre reposait sur un terrain instable, où ma vie professionnelle et personnelle se mêlaient tragiquement.

La nécessité de tenir bon me poussait à finir l'année 2015, pour prouver que, contre toute attente, les comptes du commerce prospéraient malgré tout.
Il s'agissait de démontrer que ce n'était pas un homme frustré et agressif, mais un travailleur acharné et déterminé à rectifier chaque chiffre. Pas compliqué de relever les bénéfices quand il n'y a plus personne pour les réduire.

Fidélité des clients, trahison des réseaux, le vrai prix de la loyauté

Dans ce piège invisible, les accusations continuaient de se propager. Ces témoins éphémères, là pour attiser les rumeurs, disparaissaient ensuite sans laisser de trace.

Pourtant, certains clients, témoins silencieux de ma loyauté, restaient, soutenant le service jusqu'au bout.
Un témoignage de fidélité au milieu de la tempête.

C'est dans cette complexité que ce récit prend son sens, comme une tentative sincère de rendre justice à une vérité restée muette devant les tribunaux.

Une histoire qui dépasse les chiffres pour explorer la loyauté, les trahisons, et les luttes invisibles de la vie.

Ma parole demeure intègre, malgré les calomnies sans fondement qui m'entourent.

Dans cette danse d'apparences, j'étais toujours invité à partager des repas pour garder un lien avec les enfants. J'acceptai, soucieux de passer du temps avec eux.

Ce « jeu de divorcés » laissait mes clients perplexes, se demandant ce que cela signifiait de me voir là.

À table, elle lançait des sous-entendus que personne ne comprenait. Puis, s'éloignant, elle laissait son MacBook Pro de 2005 allumé. En appuyant sur « entrée », tout s'étalait devant moi : mes comptes, mes mails, mes réseaux sociaux.

Tout était accessible.

J'éteignis l'ordinateur en maintenant le bouton d'alimentation. Je rentrai chez moi et changeai immédiatement mes mots de passe.

Jusqu'alors, son ordinateur actif bloquait tout changement.

Cette découverte me laissa épuisé par des heures de réflexion et de recherches pour comprendre ce mécanisme vicieux.

Désormais je comprenais pourquoi je n'arrivais pas à changer les mots de passe de certains réseaux sociaux !

Imprimante gratuite,
mais enfants et amour en option,
ou la gestion familiale façon GPS

Persévérer est devenu ma seule option, car la vérité éclaterait un jour. Et la vérité viendra dans les chiffres des comptes bancaires.

Lors de notre séparation, des voisins choqués révélèrent que les enfants avaient souvent été livrés à eux-mêmes. En bas âge, ils frappaient aux portes en couches, seuls dans la maison pendant que je travaillais et la voiture familiale, démontrait par son absence que la mère était bien partie en abandonnant ces propres enfants. Les voisins semblaient préférer les commérages à l'intervention.

Au printemps 2015, lors d'un repas chez elle, je remarquai un colis contenant une imprimante professionnelle. Elle expliqua que son père l'avait envoyée et qu'elle n'aurait qu'à acheter les toners, car l'imprimante elle-même était « gratuite ».
Surprise totale, et bien sûr, elle refusa que je l'installe, son cousin s'en chargerait.
Ce modèle d'imprimante n'était destiné qu'aux entreprises nécessitant de grosses fournitures. Clairement, il s'agissait d'un arrangement lié aux affaires de son père.
Le fait de m'interdire l'accès durant l'installation par son cousin prouvait son intention de dissimuler les arrangements impliqués.
Qui payait réellement les toners ? Qui avait signé le contrat ?

Fin mai, j'informai mon avocate de la situation. Peu après, je constatai une propreté soudaine chez elle, signe d'une intervention de l'avocate. Mais la suite montra que cette impression était fausse.

Jusqu'à fin juin 2015, elle continuait de manœuvrer, sachant tout sans dire un mot.

En juillet, j'informai le psy que je ne lui enverrais plus d'e-mails relatifs à ses mensonges. Le divorce était imminent, je ne remettrais plus les pieds chez elle.

Elle évoquait sans cesse des sujets polémiques et lançait des propos diffamants. Souvent, elle feignait d'éteindre son enregistreur, laissant penser qu'elle capturait nos échanges pour se construire un dossier.

Pour apaiser mes nerfs, je me mis au vélo, une occupation salutaire et gratuite. Mais même en pédalant, elle m'assaillait de messages comme : « Tu n'es pas chez toi ? Tu vas me tromper... »

Une provocation constante, cherchant à m'affaiblir.

Car rien de plus simple que de localiser le téléphone de son conjoint puisque tout était bien paramétré pour pouvoir les localiser en cas de besoin.

Mes enfants, dans un élan de courage, ont demandé à leur mère s'ils pouvaient rester chez moi.

Sa réaction ? Un silence glacial, suivi de quatre jours sans prononcer un seul mot. Une méthode de communication parentale exemplaire, n'est-ce pas ? Ce rejet a laissé mes enfants hésiter à peine à demander un simple verre d'eau, sous les regards intimidés de leurs frères et sœurs.

Le silence, utilisé comme leçon, était complètement bouleversant à leurs yeux. Rien de tel qu'un mutisme total pour enseigner l'amour et la compréhension !

Volets fermés,
accusations ouvertes,
le divorce à huis-clos

Le notaire confirma que le divorce était gagné d'avance pour cause d'abandon familial. Les accusations de violence s'écrouleraient face à sa décision de revenir à la maison, rendant ses plaintes caduques.

Pourtant, au début de la procédure, ma surprise fut totale. Mon avocate proposa de plaider au minimum, puis de faire appel pour jauger la force de ses accusations.

En août 2015, l'avocate représentant mes enfants a demandé à me rencontrer. Quelle surprise ! Lors de notre échange, elle a exprimé ses inquiétudes. Elle avait remarqué que les volets de la maison de mon ex-femme restaient fermés en permanence. Étrange pour une mère de cinq enfants, n'est-ce pas ?

Elle m'a informé que mon ex-femme n'avait même pas pris la peine de solliciter elle-même ce rendez-vous avec l'avocate des enfants. Mais soudainement, le téléphone a sonné, et comme par hasard, c'était la Victime qui appelait pour prendre rendez-vous.

Histoire de bien montrer sa présence à tous les niveaux de l'histoire et garder ainsi le contrôle.

De retour chez moi, j'ai fait part de tout cela à mon avocate pour ajuster notre stratégie.

Après tout, il faut bien jouer le jeu.

Quand la souris laisse des traces,
juge, technologie et ports ouverts

Le 18 septembre, jour du plaidoyer, les événements prirent une tournure amère. Le tribunal rendit son verdict, et la justice, censée être impartiale, semblait m'avoir abandonné.

Un témoignage du psychologue changea la donne : il affirma que mes messages, envoyés pour faciliter la réconciliation, constituaient du harcèlement.

Ce jour-là, je me sentis marqué par l'injustice, coupable sans fondement. Pourtant, les droits de visite accordés furent limités à une demi-journée par semaine, un week-end sur deux, et la moitié des vacances scolaires.

Malgré le jugement, le silence pesait autour de l'organisation des visites d'une demie journée par semaine. Après deux mois d'attente sans réponse, j'ai finalement décidé de me rendre à l'école pour chercher mes enfants, conformément aux termes du jugement.

L'avocat de mon ex-femme m'envoya un message peu après, reprochant mon initiative de chercher les enfants à l'école sans préavis et tentant de réduire mes droits de visite.

L'objectif ? Affaiblir davantage le lien entre mes enfants et moi.

Peu après, j'ai remarqué quelque chose d'étrange sur mon ordinateur. L'écran était éteint. Je l'ai rallumé, mais les fenêtres d'email s'étaient ouvertes et déplacées... comme si une petite souris curieuse avait fouillé dans mes affaires numériques !

Le refus de mon ex-femme de prendre la clé de la maison prenait alors tout son sens : elle laissait ainsi la porte grande ouverte, feignant l'indifférence tout en profitant de l'accès à mon domicile.

Après tout, pourquoi se priver d'une petite intrusion discrète ? Le fait d'avoir coupé les partages de mon Mac l'empêchait visiblement de procéder à la lecture à distance.

Dommage pour elle ! Les joies de la technologie ne sont décidément plus ce qu'elles étaient !

Fin 2015, en quête de réponses, je fis des recherches sur les logiciels de piratage et découvris l'existence de « TeamViewer », un programme qui permet l'accès à distance. Après contact avec Apple, une analyse minutieuse révéla la présence d'un fichier « Word » suspect, « xzgt », dissimulant un logiciel espion.

Ce logiciel, soigneusement enfoui dans mes fichiers, était invisible pour l'utilisateur lambda. Le travail d'un expert, certainement, mais cette découverte prouvait une surveillance illégale, une violation pure et simple de ma vie privée.

Comprendre que je faisais l'objet d'un espionnage orchestré renforça ma détermination à mener à bien la procédure de divorce et à protéger mes enfants.

Après avoir éliminé le logiciel espion, j'ai pris des captures d'écran et me suis rendu à la police pour déposer une nouvelle plainte.

Chaque pièce du puzzle prenait place.

À présent, il m'était évident que tous ses coups de téléphone et ses manœuvres avaient pour but de manipuler mes actions et mes échanges avec le psychologue.

Grâce au logiciel, elle accédait à mes messages, anticipant ainsi mes propos pour mieux tordre l'histoire à son avantage.

J'avais désormais une vision claire des tactiques pour manipuler un divorce.

Je comprenais mieux pourquoi elle dormait si peu, prise dans une frénésie constante d'intrigues. Et pendant ce temps, je réalisai que ma ligne de téléphone continuait à couvrir ses frais.

Il était temps d'interrompre cela.

Mais dans ce chaos, il était difficile de garder une vision d'ensemble.

Pendant les vacances de Noël, je pris l'ordinateur avec moi pour réinitialiser tout le système. Mot de passe changé, données sauvegardées, et tri effectué, je débarrassai l'ordinateur de tout ce qui était superflu.

Lors d'un repas de famille, un ami m'expliqua la complexité d'un logiciel comme TeamViewer associé à un VPN. Impossible de retracer la connexion, surtout si elle passait par des pays moins coopératifs.

En somme, toute enquête serait bloquée.

Coups de marteaux et coups de téléphone, le juge sonne la fin de la récréation

Le 31 décembre, je reçus la notification du jugement, tombée opportunément en fin d'année pour qu'aucun appel ne puisse être envisagé pendant la pause judiciaire. Avec le commerce à relancer et les inventaires à boucler, j'avais manqué la fenêtre d'appel.
C'était une manœuvre astucieuse, un plan parfaitement synchronisé pour verrouiller la décision.

La machine administrative se mit en route, et je n'eus d'autre choix que de subir les réclamations de la partie adverse, exigeant des paiements et ajoutant à cette guerre de l'usure.

Malgré le cauchemar, je tâchai de rester résilient, continuant le vélo comme exutoire face aux températures glaciales et au poids de cette histoire devenue inséparable de ma vie.

Un jour, elle m'appela, prétendant avoir été attaquée au marteau par un inconnu en pleine route, devant les enfants.

Toujours Victime, mais cette fois, l'agression semblait presque trop bien calculée pour être vraie.

En fouillant dans les archives téléphoniques, j'ai obtenu le relevé complet de ses appels. Après tout, elle avait utilisé notre téléphone commun qu'elle avait emporté, et j'avais continué à payer automatiquement toutes ces factures pendant l'année 2015. Une générosité sans bornes de ma part, n'est-ce pas ?

Cela révélait la quantité de messages destinés à semer le trouble.

L'examen minutieux des détails prouvait qu'elle utilisait son téléphone pour orchestrer ses méfaits. Qui aurait cru que mon propre téléphone servirait d'arme contre moi ?

Une simple analyse montra que la majorité de ses appels étaient destinés à mon numéro, avec des pics de 90 appels en une heure pendant 4 mois environs. Des preuves accablantes que je photocopiai avant de retourner au commissariat.

Là-bas, face à l'ami du père de mon ex-femme, je racontai toute l'histoire, preuves en main, je lui demandais s'il appelait ça une victime ? Face à son silence, une plainte fut déposée. L'objectif ? Laisser des traces.

Ce moment fut le point de bascule, l'élément déclencheur qui exposait enfin le cœur de cette affaire.

Se sentant prise au piège, elle multiplia les stratagèmes pour créer de nouveaux obstacles. Elle savait que ses manigances étaient proches d'être dévoilées, mais elle semblait prête à tout pour garder le contrôle.

Demi-vacances, double galère : quand la justice nourrit le chaos

Le jugement stipulait un droit de visite pendant la moitié des vacances, une vraie pépite pour semer le chaos.

Chaque fois que j'arrivais pour récupérer les enfants, elle n'était jamais là, m'obligeant à faire demi-tour après 50 kilomètres de trajet. Et lorsqu'il s'agissait de les ramener, elle jouait les Einstein des calculs, m'accusant de me tromper et filant directement à la police. Là, ils me convoquaient pour m'expliquer que je ne respectais pas les termes du jugement.

Elle avait un don surnaturel pour convaincre les policiers de son bon droit, les persuadant de me prendre pour un fauteur de troubles sans se poser de questions. J'ai même dû déposer une plainte pour noter les erreurs de calcul d'un agent, qui décrétait que le dernier dimanche des vacances n'entrait pas en ligne de compte, déplaçant ainsi la « moitié des vacances « d'une demi-journée.

Mais visiblement, peu importait où je situais cette fameuse moitié, tant que c'était à son avantage.

Passer chaque jour sous le feu des accusations au poste de police était devenu une expérience surréaliste. J'ai mentionné à un agent combien il était admirable qu'elle manipule les règles et eux-mêmes avec une telle dextérité.

Sa réponse, pleine de stupeur : « Mais en plus, vous restez tellement calme... » Oui, pourquoi devrais-je m'emporter ? Ça les a calmés, cette fois.

Après que cet épisode a été consigné dans une plainte, les policiers sont devenus étrangement prudents. Ils savaient très bien que tout ça n'était qu'un jeu biaisé, où elle n'aurait même pas pu porter plainte sans risquer de s'emmêler dans ses propres contradictions.

Le 26 février 2016, alors que le véhicule de livraison était chez le garagiste, un bruit infernal retentit. Verdict : 8000 euros de réparations, et avec un jugement temporaire au parfum de désastre financier, aucune banque ne voulait me prêter.
« Impossible, monsieur. Avec un tel jugement, nous ne pouvons rien pour vous. »
Voilà comment j'ai dû mettre fin à mon commerce, alors qu'il faisait vivre la famille malgré les gouffres creusés par la Victime « pour le bien des enfants ».
J'ai envoyé un dernier message aux clients pour leur expliquer la situation, avant de m'inscrire au chômage. Mais le chômage ne tombe pas en trois jours pour les indépendants, et heureusement que certains clients se hâtaient de régler leurs factures pour éviter un plongeon direct.

Quant à la pension alimentaire, elle devenait impossible à payer.
Mon avocate promettait de chercher une solution après la vente de la maison.
Je cherchais du travail, mais, dans un village où tout se sait, mes anciens contacts fuyaient les complications que ma situation pourrait leur apporter. Il était devenu clair que dans ce petit monde, « collaborer » avec moi risquait de poser problème.
Les amis du Commandant faisaient loi ici.

Malgré mon engagement auprès des producteurs et la réputation de qualité, tout cela semblait déjà obsolète. J'ai réussi à obtenir des délais de mes fournisseurs, sauf d'un grossiste qui tenait bon sur son dû.
Quant aux employeurs potentiels, la question « Racontez-moi votre faillite » fusait à chaque entretien.

Tenter de clarifier qu'il n'y avait eu ni faillite ni dépôt de bilan ne changeait rien, un parfum de scandale flottait toujours autour de moi.

Maison vendue, guerre continue,
et le silence comme arme fatale

Avec l'aide de mon avocate, j'ai engagé une procédure pour réduire les pensions alimentaires.
Onze mois de reports, de motifs douteux, d'excuses d'avocats... pendant que les banques devenaient pressantes.
Chaque euro entrant se voyait aussitôt aspiré par leurs séquestres, la loi du plus fort en quelque sorte. J'ai conseillé à mon agent immobilier de passer par les voies légales pour accélérer la vente, car la Victime persistait à jouer la muette.

L'attitude de la Victime fluctuait d'une année sur l'autre : en 2015, elle jouait les grandes diplomates chez le banquier ; en 2016, quand les doutes s'épaississaient, elle s'évaporait.
Bientôt, on m'accusait de ne plus payer la pension, entraînant une saisie sur mon chômage. Les coups pleuvaient de tous côtés.

Enfin, un acheteur sérieux fit son apparition, un sauveur en quelque sorte. Le prix de vente permettait de rembourser ce qu'il restait, bien que le montant à 200.000 euros fit de la négociation un bras de fer.
Mais le 11 novembre 2016, la maison était enfin vendue, un symbole de libération qui méritait de figurer dans les livres d'histoire.
Cette révolution personnelle menée à bien, je faisais face au silence de la Victime, absente à la signature de l'acte de vente. Elle m'avait laissé gérer tout seul.

Un ancien fournisseur de vin m'offrit un mi-temps et un appartement pour m'aider à me reconstruire, mais cela ne suffisait pas pour couvrir mes besoins.

Une cliente, compatissante, me remit 250€ et m'encouragea à faire appel à un avocat renommé pour exposer cette saga.

Sa réaction ? Un sermon, affirmant que la corruption n'existait pas dans la justice, mais critiquant mon avocate et les abus procéduriers de la partie adverse. Par éthique professionnelle, il refusa mon dossier, n'acceptant pas l'aide judiciaire et sachant qu'il ne resterait rien après partage.

La tristesse de cette situation devenait tangible, avec des dettes à hauteur de 34.000€ et une justice étouffante. Le soutien moral ne manquait pas, mais les solutions financières restaient invisibles.

En décembre, mon avocate capitula, avouant qu'elle n'avait jamais anticipé une telle avalanche d'obstacles. Elle s'attendait à un divorce paisible et fut submergée par les offensives de la Victime.

Un ami me recommanda son avocat, qui reprit l'affaire début 2017, me rassurant sur le référé pour la pension. Cependant, les reports continuèrent, trois fois en tout, retardant encore le verdict.

Lentement, les plaintes déposées produisaient un effet, mais la Victime continuait ses provocations, bloquant la portière lorsque je venais chercher les enfants, menaçant d'appeler la police.

Nos enfants, même, s'amusaient de ses pitreries. « Attention, papa, elle va appeler la police ! » Une comédie, mais une comédie où elle s'embourbait elle-même.

À chaque visite, elle photographiait les enfants pour exiger qu'ils reviennent habillés de la même manière, comme si elle craignait que je vole leurs vêtements. Ce niveau d'absurdité parlait de lui-même.

Elle cherchait visiblement à m'épuiser par des exigences déraisonnables, espérant prouver mon incompétence en me submergeant de tâches insignifiantes.
Mais je restais impassible, malgré ses messages insidieux niant ses propres SMS, me reprochant des « erreurs » de destinataire. Ainsi elle pouvait ignorer mes réclamations prétendant m'être trompé de destinataire.

Accusé, surveillé et trahi, ou l'art de tenir face à l'injustice

En 2017, j'ai dû faire appel aux services sociaux pour le loyer, pendant qu'une saisie sur salaire et sur chômage me paralysaient financièrement. Les tickets de rationnement se profilaient, et la tension montait.

Heureusement, les services sociaux prirent en charge le loyer en échange d'une hypothèque sur la maison. On me fournit même des bons alimentaires. J'atteignais vraiment le fond du gouffre.

Le 23 mai 2017, à 7 heures du matin, la police frappa.
Accusé de crimes sur les enfants de la Victime, je subis une perquisition éclair où les agents, en cinq minutes, ne trouvèrent rien d'anormal. Mon ordinateur fut saisi, et je rejoignis le commissariat, où j'espérais pouvoir enfin exposer la vérité.

Les accusations étaient d'une violence inouïe, et bientôt je me retrouvais devant le tribunal, dans un état de choc. Tentant de clarifier la situation, je faisais face à des préjugés profonds, à une machine judiciaire prête à m'écraser.

Un mari manipulateur, ça, la justice sait imaginer. Une mère manipulatrice, elle, échappe encore à leur entendement.

En deux ans, elle a réussi à tirer les ficelles, même en manipulant les enfants. Une prouesse digne d'un maître marionnettiste !

« La pression était trop forte », disait-elle.

Elle expliquait sûrement que je voulais leur prendre leurs frères, que je faisais tout pour leur nuire.

Bien sûr, je suis le grand méchant de l'histoire...

L'épreuve n'en finissait pas, et mes amis peinaient à comprendre l'envergure de la tempête. Mon employeur, néanmoins, me soutenait, rassuré par mon engagement envers mes enfants.

Le grand-père lui-même se montrait incrédule, suggérant que si ces accusations étaient vraies, je devrais déjà être en prison.

Tout cela était grotesque, et pourtant les courriers judiciaires continuaient de s'empiler, comme une parade infernale.

Ma vie se réduisait, au fil des jours, sous le poids des interdictions, ma liberté se raréfiant. Mes déplacements étaient surveillés, chaque sortie surveillée, même rendre visite à mes parents devenait impossible.

Dans cette spirale, changer de banque et chercher des solutions plus solides était vital pour sauver ce qui restait de mes ressources, pendant que la Victime se prélassait dans sa position de fausse martyre.

Je m'efforçais de reprendre le rythme, encaissant les coups sans broncher, car, dans les affaires, on laisse les soucis à la porte. Mais imaginez un instant que mes clients découvrent la situation !

En quelques mois, les habitudes s'envenimaient, les liens se dissolvaient. La rumeur, amplifiée par le téléphone arabe, se répandait sans relâche. Ceux qui ne me connaissaient que de loin se renseignaient et, peu à peu, prenaient leurs distances.

Gérer tout cela devenait un casse-tête inextricable, chaque réponse paraissant évasive, chaque silence suspect. En plus de la réputation d'un « mari violent », on commençait à me prêter des ombres encore plus sombres.

Seuls ceux qui possédaient une intelligence émotionnelle exceptionnelle parvenaient à démêler le vrai du faux.

Faux SMS et vraies preuves,
Quand le diable finit par se manger la queue

Le dernier jeudi de l'année scolaire 2017, comme à mon habitude, je vais chercher mes enfants à l'école. Je croise la plus jeune fille de la Victime. Instinctivement, je m'éloigne, sachant qu'il m'est interdit de m'en approcher.

Dans l'ombre d'un arbre, pourtant, elle s'avance et m'embrasse. Bien sûr, cet incident est immédiatement grossi pour me dépeindre en monstre.

Lundi suivant, une convocation du tribunal tombe, parce que madame s'est précipitée chez les gendarmes pour clamer mon intrusion à l'école. On se retrouve à expliquer la scène au juge, mais même cela est interprété comme une faute.

Selon la juge d'instruction, j'aurais dû éviter sa fille, voire l'esquiver. Mais au fond, je sais que ces jeunes filles, manipulées, ignorent tout de la complexité des manigances autour d'elles.

En septembre, mes allocations de chômage cessent, entraînant l'arrêt de la saisie automatique. Mon avocat me conseille de faire moi-même le virement.

Curieusement, le lendemain, madame me rembourse le montant. Ce manège perdure chaque mois, la Victime remboursant systématiquement la pension alimentaire, contradictoire avec l'image d'un mari qui « refuse de payer ».

Le surréalisme prend une nouvelle tournure lorsque, un matin, convoqué d'urgence au tribunal, mon avocat m'annonce que la police a retrouvé une cinquantaine de photos pédopornographiques dans mon ordinateur, dont trois prises chez moi.
Abasourdi, je rappelle à mon avocat les plaintes déposées pour intrusion. En salle d'attente, je commence à noter chaque événement, expliquant au juge la longue chronologie de manipulations.
Le juge d'instruction, perdu dans ce dédale, accepte de suivre notre chemin, pour comprendre enfin l'ampleur des accusations absurdes.
Dans l'après-midi, mon avocat m'informe que mon dossier remplit un bureau entier, dédié uniquement à mon cas. L'étendue des preuves m'impressionne.
Puis il pose une question qui me fait l'effet d'un coup de massue » :
« Avez-vous vu les rapports de police sur les premières plaintes ? »
« Non, jamais ! ».
C'est ainsi que j'apprends qu'après ma première plainte pour intrusion en 2015, elle s'était précipitée chez les gendarmes, clamant que je voulais un enfant avec elle et brandissant un faux SMS.
Décidément, le diable sait fabriquer ses preuves. La manipulation insensée, heureusement, commence à apparaître clairement.
Face à ces accusations de sites illégaux, nous répliquons en exposant l'inversion des rôles. Ironique, n'est-ce pas ? Elle avait pourtant contacté un urologue en 2013 pour inverser ma vasectomie, avant que

j'annule l'opération, faute de voir un rapprochement sincère avec mon fils.

À la fin de l'audience, j'exprime toute ma gratitude à mon avocat pour sa méticulosité : chaque preuve exposée apporte de la lumière dans ce sombre marécage.

Puis, le lendemain, ce même avocat me fait sortir les détails d'appels du jour où madame a créé ces SMS, histoire de fournir à la juge la preuve qu'elle s'était envoyé ces messages à elle-même ! Car on voit clairement qu'elle a envoyé deux SMS depuis son deuxième téléphone, deuxième téléphone dont elle n'a jamais révélé l'existence jusqu'ici...

Il lui suffisait de renommer mon prénom sur son nouvel appareil, et voilà, les messages semblaient provenir de moi. Tellement simple !

Mais les localisations GPS des smartphones auraient de toute façon démontré que ce téléphone était chez elle au moment des faits. La technologie a parfois le don de dévoiler les vérités les mieux cachées.

Quand la rumeur devance la loi, ou cette verrue de réseau social

Fin 2017, le psychiatre assermenté conclut à l'absence de pédophilie, comme on pouvait s'y attendre. Mon avocat plaide pour que je puisse passer Noël en famille et me reconnecter avec mes proches.

Ces 6 mois furent comme dans une peine de prison à ciel ouvert !

Je célèbre la messe de Noël avec mes enfants, le cœur léger, postant quelques photos sur Facebook, une étincelle d'humanité et de bonheur dans cette épreuve.

En 2018, madame retire les enfants de la coûteuse école Saint Méridien pour les inscrire dans une école publique, à deux pas de chez elle. Ironie du sort : l'école publique qui, soi-disant, ternirait leur « statut social » est soudainement acceptable lorsqu'il s'agit pour elle de payer.

Lors d'une visite chez mon avocat, il m'informe que la Victime a dû changer de défense. Son précédent avocat, ayant constaté la tournure prise en 2017, l'a abandonnée. Un fait rare, surtout pour un cas si médiatisé.
Cependant, la paix est de courte durée, un nouvel incident vient troubler cette accalmie.

Mon fils souffre d'une verrue récalcitrante sous le pied. J'avais conseillé à sa mère de la traiter, mais sans succès. Après une lettre de mon avocat, madame se résout enfin à agir, prescrivant des granules homéopathiques qui, évidemment, ne changent rien.

Une opportunité professionnelle se présente.
Un commerçant souhaitait développer une activité à distance avec des hôteliers. Rapidement, je réalise la fragilité de l'entreprise, les retards de paiement suscitant la méfiance des clients. Les difficultés professionnelles s'enchaînent.

Pendant cette période, un commissaire me convoque, m'expliquant qu'on s'interroge sur ma présence en France à la fin de l'année 2017. Le téléphone arabe, amplifié par Facebook, battait visiblement son plein !
Les espions sociaux veillaient au moindre faux pas.
C'est toujours agréable d'être au centre de tant d'attention.

Mais je n'avais qu'à montrer à cet agent le courrier du tribunal levant toutes ces interdictions. Un simple papier, et les soupçons s'évaporent.

Cela démontrait surtout que l'entourage du Commandant n'avait plus de pouvoir dans cette affaire.

Sinon, ils auraient su que la sentence était levée et n'auraient pas commencé cet interrogatoire. Mais bon, qui suis-je pour remettre en question leur efficacité légendaire ?

Le bien-être des enfants en arme, le champ de bataille d'une garde partagée

Malgré les obstacles, je m'efforce de trouver un équilibre, mais sans flexibilité dans la garde des enfants, tout travail devenait un combat impossible.

Durant l'été 2018, je me réfugie dans la rénovation de ma voiture. Mes enfants se divertissent avec Snapchat, renouant contact avec leur sœur.

Pour ne pas rompre ce lien, je garde leur accès ouvert, bien que ce soit risqué.

Les échanges numériques se font furtivement, ma fille partageant ses pensées. Ces conversations révèlent une révolte silencieuse contre leur mère, qui prend des proportions clandestines.

Entre-temps, la saga des verrues continue, et les enfants se retrouvent privés de lunettes, que leur mère ou son compagnon leur retirent dès leur retour à la maison. Ce mépris pour leur bien-être devient un rituel frustrant.

Nous envoyons de nouvelles lettres pour faire réagir madame, sans succès. Elle persiste à inverser les rôles, me faisant passer pour source de conflit.

On me parle sans cesse d'arrangements, mais chacun semble conduire à mon effacement, chaque compromis se tournant contre moi.

Le silence des autorités est éloquent ; les accusations s'essoufflent, laissant toutefois le sentiment d'un piège constant.

Face aux stigmates de ma réputation, je m'investis dans l'immobilier pour une agence américaine. Mais même ce projet semble échapper à mes efforts, le poids de mon passé proche affectant chaque relation professionnelle.

Chaque nouvelle tentative professionnelle échoue donc, les rumeurs imposant la culpabilité par usure.

Dans un pays où chacun connaît quelqu'un, il est impossible d'échapper à l'ombre.

Exprimer librement mes pensées devient une gageure, même en famille, où ma sœur se délecte de propager des ragots. Le soutien familial est absent, et le déni des proches s'ajoute au reste.

Dans cette solitude, je me débats pour retrouver un semblant de normalité, mais ce mépris ambiant fait obstacle à toute reconstruction.

Au printemps 2019, la verrue de mon fils a atteint un point critique. Une opération a enfin permis de retirer ce fléau, laissant un trou béant. Deux ans de souffrances qui auraient pu être évitées avec un peu d'attention.

Mais la Victime préférait cacher le produit en haut d'un meuble, pour s'assurer que son fils ne puisse pas soigner ses verrues ! Certainement, le fait que ce soit moi, son père, qui m'occupais de traiter ces verrues, devenait trop encombrant pour elle.

Il fallait bien faire mal aux enfants pour me faire mal à moi, n'est-ce pas ? Tout comme le fait d'arracher les lunettes sur le nez de ses enfants avant qu'ils ne rentrent chez moi était sa façon de me montrer son mécontentement.

Quand l'usure gagne la partie : ruiné, mais pas vaincu

Été 2019. Le soleil brûlait intensément, comme pour me rappeler l'urgence de la situation.

Mon avocat, le regard grave, m'incitait à accepter le partage final. Il promettait de tout faire pour obtenir des dommages et intérêts. C'était le moment, disait-il, de clore ce chapitre infernal, de solder les dettes, de retrouver un semblant de paix. Ainsi, celle qui avait tiré les ficelles pendant des années obtenait enfin ce qu'elle voulait. L'usure méthodique avait fini par m'épuiser... et à épuiser mon défenseur.

Mes loyaux fournisseurs, ces braves âmes qui avaient supporté tant de retards, seraient enfin payés, après plus de trois ans de galère. Pourtant, le service social réclamait aussi son dû, ajoutant encore une couche d'anxiété.

Au final, il ne restait que des miettes, juste assez pour m'inscrire à une formation d'agent immobilier. Un maigre héritage de trente ans de sueur et de sacrifices : 1.200 euros pour tout ce labeur. Une ironie mordante, le coup de grâce parfaitement orchestré par l'ennemi en coulisses.

Ruiné, détruit.
Elle avait triomphé.

Au milieu de ces désillusions, le notaire, dans un murmure, laissa entendre que la Victime aurait sans doute préféré me voir déclaré en faillite, histoire de renforcer son récit de veuve noire aux prises avec un monstre de dettes.

Mais mes fournisseurs, eux, savaient bien que je n'avais jamais laissé une facture impayée.

Leur silence en disait long.

Snapchat et subterfuges,
ou l'art de réécrire l'histoire en temps réel

En août 2019, j'accompagne le grand fils de la Victime sur une place remplie de vieux véhicules militaires. Pour lui, c'était un terrain de jeu grandeur nature, une immersion dans des fantasmes de bravoure. Il s'extasiait devant les blindés antiques, imaginaient des batailles, tout en collectant des fonds pour soutenir son association.

C'est aussi à cette occasion que je fais connaissance avec la compagne de ce jeune soldat de pacotille.

La jeune femme me confie, non sans gêne, combien sa belle-mère passe des heures avachie sur le canapé, au point qu'elle-même doit gérer les devoirs scolaires de son amoureux.

Une scène presque absurde.

Les conversations, d'abord anodines, se font régulières. Je découvre que dans cette famille, les accusations et les dénonciations semblent exclusivement réservées aux autorités, aux experts, et aux journalistes.

Mais dans le cercle familial ? Rien.

Absolument aucune alerte quant à ma soi-disant dangerosité.

En cette fin d'année, une lueur d'espoir pointe. Le fils de la Victime propose même un petit voyage à Europa Park avec mes garçons.

Peut-être, après tout, le vent tournerait-il enfin ?

Les tentatives de planification se succèdent sans succès, les contretemps s'accumulent.

Je finis par lui écrire, suggérant de remettre notre escapade à plus tard. Pourquoi pas attendre que sa sœur, qui avait rétabli le contact avec moi, puisse se joindre ? Nous aurions pu y aller tous ensemble, renouer des liens simples et joyeux.

Mais nos projets s'effondrent brutalement.

Fin 2019, Snapchat, ce fil d'Ariane qui nous reliait, se coupe soudainement.

Plus de messages, plus de nouvelles. Comme une douche froide.

Quand je rouvre l'application, c'est pour constater avec stupeur que toutes nos discussions ont disparu, effacées sans laisser de trace.

Encore une intrusion, une manipulation, une nouvelle plainte à déposer pour intrusion informatique.

L'intrusion informatique semblait se glisser partout, un spectre omniprésent.

Si j'avais tenté de nouer le contact avec la fille de la Victime, elle se serait probablement empressée de porter plainte à la Police.

Mais les messages étaient sans ambiguïté : c'était elle qui m'avait contacté. Alors, il fallait évidemment effacer ces preuves gênantes. Le schéma était simple et efficace.

Pourquoi aurais-je refusé de répondre, sachant que la vérité était très différente de celle exposée publiquement ? Et comme je l'avais affirmé dès 2017 au tribunal, les filles avaient la liberté de me contacter si elles le souhaitaient.

Vivre dans cette paranoïa constante, à capturer chaque échange pour me protéger, était devenu la norme. Chaque capture d'écran était un précieux bouclier dans cette guerre d'illusions.

Chaussons, billets et disputes : quand la sérénité reste un mirage

En décembre 2019, en discutant avec la compagne du fils aîné, je lui parle de mes efforts pour l'aider dans ses problèmes de dyslexie. Je lui conseille de trouver un orthophoniste pour progresser, mais elle répond, lucide, qu'à 23 ans, il n'a ni l'énergie ni la volonté de s'y remettre.

Sa mère l'avait découragé, avec ses cris et reproches incessants, comme si elle martelait sa propre frustration à chaque livre claqué sur le bureau.

La jeune femme, visiblement lassée, me confie que la situation n'a guère changé : la mère continue ses querelles, mais cette fois, c'est avec les plus jeunes.

Stupeur.

Et encore une fois, les captures d'écran viennent sceller la véracité de cette histoire.

Voilà quatre ans qu'elle était censée s'être libérée de son « mari violent ». Pourtant, elle semblait incapable de vivre en paix avec ses enfants.

Ceux-ci, désireux de vivre avec leur père, assuraient que leur mère s'était calmée.

Noël 2019 arriva, et les enfants revinrent avec un paquet de billets trouvé sous un banc près de l'école. Je leur conseillai la discrétion : de l'argent trouvé en public avait souvent une drôle d'histoire derrière lui.

Plus tard, je demandai si le calme régnait enfin à la maison.

Ils affirmèrent que oui... jusqu'à ce qu'un autre message de la compagne du frère confirme que les disputes se poursuivaient, mais cette fois avec les petits.

Une paix fragile, en somme. Ce n'était pas vraiment le calme ! Pas vraiment ? Non ! Vraiment pas !

Quelques jours plus tard, un de mes enfants m'informa qu'un camarade avait confié à l'assistante sociale de l'école que son père le frappait avec un chausson pour ses bêtises. Je leur suggérai que c'était peut-être une idée pour obtenir, eux aussi, un peu de sérénité à la maison.

À la fin des vacances, ils avaient suivi mon conseil et pris contact avec l'assistante sociale.

La mère fut convoquée pour s'expliquer, ce qui sembla apporter une étrange forme de paix, certes froide, à leur quotidien.

De l'ombre des tribunaux à la lumière d'un nouveau départ : survivre à la jungle numérique

Début janvier, un courrier du tribunal m'enjoignait de me présenter devant la juge d'instruction.

L'accusation ? Violation d'une ordonnance, parce que j'avais répondu aux messages de la sœur de mes enfants, preuve à l'appui dans ma plainte pour intrusion informatique.

Les captures d'écran montraient pourtant clairement que c'est elle qui avait entamé le contact.

J'étais prêt à expliquer que cette ordonnance n'avait plus aucun sens moral, et que j'avais agi dans la logique de ce que nous avions conclu au tribunal en 2017 : que les filles pouvaient me contacter à leur guise.

À mon sens, c'était un respect des accords et non une transgression.

Accompagné de mon avocat, visiblement ébranlé et les traits tendus, je franchissais les portes du tribunal, préparé à répondre à toutes les questions de la juge.

Elle n'attendit pas longtemps pour commencer l'interrogatoire.

« Qui a installé l'imprimante professionnelle chez madame en 2015 ? » demanda-t-elle d'emblée, un ton tranchant.

« Le cousin de Madame, un virtuose des circuits électronique et de l'informatique. »

Je lui expliquai qu'un soir de mai 2015, j'avais dû rester dans la chambre des filles avec les filles, pendant plus d'une demi-heure, le temps qu'il procède à l'installation.

S'il y avait quelqu'un de qualifié pour glisser un logiciel espion comme TeamViewer sur le Mac familial pour surveiller mes communications, c'était bien lui.

Et c'était tout, finis les éclaircissements.

Une fois l'interrogatoire terminé, je vis mon avocat changer de couleur, comme s'il comprenait enfin l'étendue de la machination dans laquelle nous étions empêtrés.

« Ils ont tout compris », lui dis-je à demi-mot, en rejoignant le parking, tentant de lui redonner un semblant d'espoir. Pour ma part, je n'avais plus rien à perdre.

S'ils voulaient me prouver que les messages que je croyais être de la sœur de mes enfants étaient authentiques, grand bien leur fasse. Dans cette jungle virtuelle, il est si facile d'usurper une identité, de se glisser derrière un profil, surtout pour quelqu'un qui aurait l'habileté d'utiliser le compte Snapchat de sa propre fille.

D'ailleurs, tout ce jeu d'ombres virtuelles, d'espionnage, ne nécessitait guère plus qu'une rapide recherche sur Internet pour mettre la main sur les outils nécessaires à l'intrusion informatique.

La frontière entre la vérité et l'illusion s'était dissoute depuis bien longtemps dans ce labyrinthe numérique.

Feuilleton sans fin et scoop pour l'avenir,
ou l'art de la résilience à toute épreuve

Et ainsi 2020 arriva, apportant avec elle un mince espoir de renouveau : j'allais enfin entamer mes cours d'agent immobilier !

Ce rayon de lumière, j'en avais tant besoin !

Pourtant, je n'ignorais pas les regards sceptiques des agents avec qui j'avais eu affaire. Pour eux, je représentais un homme à terre, érodé par les soupçons qui me collaient à la peau depuis des années. La méfiance avait creusé ma tombe avant même que je ne commence à y travailler.

Pourtant, malgré ces regards lourds de préjugés, je me disais que cela n'avait pas d'importance, que tout ce cirque autour de moi n'était que l'ombre de ce qui m'attendait réellement.

Cela faisait bien cinq ans que la Victime gardait ses comptes bien cachés, hors de ma portée. À moins d'un miracle, elle n'allait certainement pas se précipiter pour les révéler.

Après tout, pourquoi faire preuve de transparence quand le mystère est si divertissant ?

Ces comptes étaient un mystère pesant, des fantômes financiers rôdant derrière chaque accusation. Un véritable roman policier, sans le moindre détective pour élucider l'affaire...

Et puis, j'avais découvert 75 000 € de virements exécutés sur ce compte ING au fil des années.

Preuve que nos finances n'étaient pas aussi désastreuses qu'elle le prétendait.

Surprise ? Surprise... ou pas !

Car sans cette mauvaise foi, toutes les factures auraient été payées. Tout ce roman n'aurait jamais vu le jour.

Dommage pour les amateurs de drames domestiques.

Mais même face à ce marasme, je continuais à avancer, ou du moins à tenir bon. Que pouvais-je faire d'autre ? Les options étaient limitées.

Blasé mais debout, je me suis retrouvé un soir au comptoir d'un restaurant, discutant avec un jeune homme qui rêvait d'être écrivain.

Ah, la candeur de la jeunesse !

« J'ai un scoop pour toi », lui ai-je dit en plaisantant.

Autant partager ce feuilleton avec quelqu'un qui pourrait en tirer quelque chose. Son regard s'est illuminé, mais il était trop jeune pour saisir la moitié des absurdités de mon histoire.

Peut-être valait-il mieux pour lui de ne pas tout comprendre.

Ainsi, je continuais à résister, seul face à l'injustice.

Héros anonyme dans un monde qui tourne la page sans même la lire.

Désaccord au piano, ou l'art de l'insouciance et la symphonie du non-sens

Le 15 mars 2020, tout bascula. Le pays était confiné, le président Macron l'avait annoncé : « Nous sommes en guerre ! »

Les magasins, les crèches, les écoles, tout s'était figé, les rues désertées semblaient plongées dans un silence sépulcral.

L'ironie du sort me permettait encore de voir mes enfants, car rien ne l'interdisait.

Ainsi, le jeudi, comme à l'accoutumée, je devais récupérer mes enfants chez leur mère. À peine cinq minutes après leur arrivée, une photo d'eux dans leurs vêtements avant leur départ me parvenait.

Mais cette fois, c'était différent. Plus d'indignation, juste une résignation glacée.

Mon fils me raconta qu'il avait assisté à un cours de piano la veille. Je fus saisi.

« Mais comment ? Tout est fermé ! »

Aucune réponse.

Apparemment, ni désinfection ni distanciation.

Un nouvel ajout à la liste des « mauvais traitements » que je gardais dans mon esprit.

Le week-end passa, et le jeudi suivant, rebelote : le programme restait inchangé, avec un cours de piano encore.

Arrivé à un point de non-retour, je ne pouvais plus ignorer l'évidence.

L'après-midi, nous fîmes un détour par le commissariat pour déposer une plainte – la huitième. Je refusais de laisser mes enfants dans cet environnement insalubre et irresponsable.

On parlait de « guerre », où chacun risquait sa vie à cause de l'insouciance de l'autre, et cette histoire de piano sans précautions, c'était la goutte de trop.

J'expliquai calmement qu'il était impossible de désinfecter un piano correctement après chaque élève, avec ses touches en bois et ce contact direct, et que maintenir une distance entre le professeur et l'élève relevait de l'impossible.

Un juge allait devoir me forcer à ramener mes enfants, car je refusais de prendre cette responsabilité déraisonnable.

De la vigne à la case prison, ou l'art de l'obéissance en guise de résistance

Les professeurs de l'école primaire, au courant de la situation, étaient ravis de savoir les enfants chez moi et ont envoyé tout le matériel scolaire par e-mail, sans poser de questions.

Sur Facebook, je partageais discrètement des moments de leur scolarité en plein air, au bord des vignes, une petite table en plastique et une chaise installées dans le coffre de la voiture.

Enfin, un printemps doux qui leur offrait, pour la première fois, six semaines de paix, loin des cris et des tensions.

J'avais averti le service social, qui m'indiqua en retour que j'aurais dû les contacter discrètement pour qu'ils enquêtent. Pourtant, les preuves étaient claires comme de l'eau de roche : je les voyais chaque jour dans les yeux et les paroles de mes enfants.

Les récits de mes enfants me rappelaient constamment ce qu'ils enduraient. Et savoir que le grand-fils de leur mère travaillait comme croque-mort, en période de Covid-19, renforça ma détermination à les protéger.

Je ne prendrais pas de risques, quitte à défier les autorités.

Après six semaines, le tribunal m'adressa une lettre glaçante, m'avertissant d'une possible peine de prison et d'une amende de quatre mille euros si je persistais à garder mes enfants avec moi.

Devant cette menace, je m'en remis au service social. Je leur fis savoir que j'obéirais, mais uniquement si un juge acceptait de porter la responsabilité de les renvoyer chez leur mère. Si un malheur survenait, il en assumerait les conséquences !

Le soir même, avec un mélange de résignation et de dégoût, je dus annoncer à mes enfants qu'ils devaient retourner chez leur mère.

« Allons, les enfants, je risque trop gros en vous gardant ici », leur dis-je malgré leurs supplications.

Ce retour imposé fut pour nous tous une amère défaite.

Quand les enfants prennent leur destin en mains, ou le train des cœurs brisés

Deux jours plus tard, le 1er mai 2020, en tentant d'oublier cette situation en accordant mon piano, note après note, mon téléphone sonna brusquement.
Encore une fois un numéro inconnu.

J'hésitai un instant avant de décrocher.

« Allô Papa, tu viens nous chercher ? Nous sommes à la gare ! »
La voix familière de mes enfants m'inonda d'émotion. Ils avaient trouvé le courage de fuir et de venir à moi.
Avec une valise et quelques affaires précieuses, ils avaient prétexté aller jouer dans la forêt.
En réalité, ils avaient bravé la ville à pied et pris un train, leur billet pour la liberté, pour échapper à ce qu'ils ne supportaient plus.

Ce geste audacieux de mes enfants n'était rien de moins qu'un acte de survie. Ils avaient défié la peur pour retrouver la sécurité auprès de moi.
À peine avaient-ils posé leurs affaires qu'un agent de police me téléphona, exigeant que je les ramène chez leur mère, qui les réclamait.
Encore une fois ?

Depuis 2015, mes enfants m'ont souvent demandé de rester, en vain. Cette fois, j'avais atteint ma limite.

« Non, je ne les ramènerai pas ! Faites-le vous-même ! Venez les chercher ! »

L'agent de police a hésité un instant avant de répondre, comme s'il pesait soigneusement ses mots.
« Nous ne viendrons pas les chercher » lâcha-t-il finalement. « La mère peut-elle venir pour les récupérer elle-même ? »
« Qu'elle essaie, si elle en a le courage » rétorquai-je sans détour.

Le courage des enfants fasse à l'absurde, théâtre d'ombres à la porte du père

Plus tard, dans la soirée, elle arriva, accompagnée de son inséparable moine défroqué, son nouveau compagnon depuis 2015.

Son air pincé et supérieur contrastait étrangement avec la situation : elle venait chercher des enfants qui refusaient catégoriquement de la suivre.

« Peu importe » tenta-t-elle de lancer, comme pour sauver les apparences. « J'ai appelé la police, ils vont venir ! »

Ils restèrent plantés là, devant ma porte, un duo improbable, visiblement persuadés que leur simple présence ferait plier les enfants.

Ce soir-là, la vérité éclata au grand jour : les enfants refusaient catégoriquement de partir avec elle.

Mal à l'aise, elle tenta alors une manœuvre de dernière minute en emmenant les sœurs de mes enfants, pensant sans doute que la magie des liens familiaux suffirait à briser leur résistance.

Le plan échoua lamentablement.

Lorsque la police arriva, elle les informa d'une manière dramatique : « Le père de mes enfants est un pédophile ! Comment alors tolérer de laisser les victimes chez leur bourreau ? »

Le regard des agents en disait long : « Pédophile ? Madame, si cela était vrai, les enfants ne seraient pas ici ! »

Les agents me demandèrent de pousser les enfants à sortir. Je refusai !

« Vous voulez les voir partir ? Entrez, allez-y vous-mêmes ! ».

Les agents hésitèrent, refusant de franchir le seuil de la maison.

Devant l'insistance des policiers, et malgré le regard pétrifié de mes enfants, je leur demandai finalement de sortir.

Ils refusèrent de s'approcher de leur mère ni de sa voiture.

Sous le regard d'un petit public de voisins et de curieux, j'insistai.

« Allez, allez-y, approchez-vous de la voiture ! »

Les enfants s'exécutèrent timidement, touchèrent à peine la poignée avant de se précipiter de nouveau vers la maison, comme si cette simple action brûlait.

Ainsi se déroula cette soirée absurde, où ils ont été traités comme des pièces de monnaie dans un jeu d'adultes.

Quant à son compagnon, il s'approcha de moi pour me menacer, exhibant sa stature imposante, et me lâcha une promesse de représailles.

Menaces de mort en prime, s'il vous plaît, en présence des représentants de l'ordre !

Un des agents de police lui stipula de s'éloignait de moi, car il comprenait l'entourloupe.

Les vérités des enfants ne suffisent pas : la comédie judiciaire continue

À ce stade, vivre une vie normale était devenu un rêve lointain.

Le lendemain, il fallut ajouter une plainte de plus pour menace de mort contre ce soi-disant homme de foi. Le policier qui prit ma déposition me demanda alors ce qui s'était réellement passé.

J'ai tout raconté, chaque détail.

« Mais comment vos enfants ont-ils pu vous joindre ? » s'interrogea-t-il.

Je lui expliquai qu'ils avaient emprunté le téléphone d'un inconnu en uniforme à la gare.

Voici d'ailleurs le numéro depuis lequel ils m'ont appelé.

Tout cela aurait dû éveiller des soupçons et clore les poursuites. Il n'y avait aucune preuve, seulement des allégations de la mère, que même le bon sens devrait suffire à écarter.

Mais non, la machine judiciaire continuait de s'enliser, incapable de voir la comédie en pleine lumière. On en venait à se demander quelles manigances invisibles protégeaient le Commandant et sa progéniture.

Peut-être la police examinerait-elle enfin ces e-mails effacés, découvrirait-elle des preuves de manipulations ? Mais il semblait que l'objectif se limitait toujours à m'enfoncer davantage.

Trois semaines plus tard, nouveau passage au service social.

« Monsieur, je vous demande de ramener les enfants. Nous allons entamer une procédure de changement de garde. »

Si seulement ils avaient pris la peine d'écouter il y a cinq ans...

Silence contre silence,
triomphe fragile d'une lutte sans fin

Le soir même, contraint, je ramenai les enfants qui, comme chaque fois, étaient dans un état pitoyable.

Deux jours après, lorsque je revins pour les chercher, ils sortaient de chez leur mère avec un étrange sourire.

« Tout est fini, papa ! Elle nous a dit qu'on ne reviendrait plus jamais ! » m'expliqua mon fils, brandissant un papier où elle avait écrit qu'elle acceptait soi-disant une proposition de mon avocat.

Enfin, le calme.

« Mais comment avez-vous fait pour la convaincre ? » demandai-je, encore incrédule.

« On lui a juste rendu la pareille, papa. On a fait exactement ce qu'elle fait. On ne lui a plus parlé pendant deux jours. Juste comme ça. »

Il est regrettable que mes enfants n'aient pu emporter que ce qu'ils tenaient dans le carton qu'ils transportaient ce jour-là.

Malgré les requêtes répétées, relayées même par leur avocate, ils ont réclamé des affaires simples : quelques jouets, leurs cartes d'identité, leurs carnets de vaccination...

En vain. Pas un document n'a été renvoyé.

La commune m'a alors conseillé de déclarer ces cartes d'identité « perdues » pour en obtenir de nouvelles. Quant aux carnets de vaccination, je devais m'armer de patience : contacter chaque médecin, obtenir les historiques via la caisse maladie.

Ce qui pourrait se régler facilement se transforme encore en parcours du combattant.

Mais la vie, malgré tout, continue.

Sous la pression, je me rendis compte que les autorités, finalement, n'avaient plus beaucoup de moyens pour m'écraser davantage. Depuis le début de cette saga, jongler entre chaque aspect était devenu un job à plein temps. Ce récit en lui-même est le produit de ces années de dévouement à démêler cette toile.

Quant à l'agence pour l'emploi, son traitement de mon dossier relève de la mascarade, calculant mes allocations de chômage sur un bilan de 2016, ignoré depuis par les impôts, malgré mes cotisations versées. Ils se moquaient bien de la réalité, de mes droits en tant qu'indépendant, de la complexité de ma situation.

« Pas de recalcul » ont-ils répondu, bien conscients que je n'avais pas les ressources pour les traîner au tribunal.

Finalement, protégés par la misère de ceux qu'ils prétendent aider.

Des preuves au bout du silence : un père et ses enfants contre l'absurde

Juillet 2020 marqua un énième rendez-vous aux affaires familiales, une séance d'à peine dix minutes. La salle presque vide accueillait quelques acteurs, dont la Victime, qui, fidèle à elle-même, choisit de s'exprimer en langue étrangère pour que je ne comprenne pas ses propos.

Je saisis pourtant son message.

« Monsieur n'a pas respecté le droit de garde » clama-t-elle, sous l'œil sévère de la juge.

Mon tour de parole venu, je ne me suis pas privé de rappeler à quel point la mère contrôlait chaque membre de cette famille, établissant une atmosphère de peur qui freinait mes enfants dans leur désir de changement de garde. Je l'accusai de terrorisme et de totalitarisme familial.

Un silence s'abattit, et cette fois, même elle, ne trouva rien à redire.

Suite à ce manque de réponse de la mère, la juge, sans écrire de jugement ordonnât les enfants chez le père et exigea la mise en place pour eux d'un soutien psychologique

En décembre 2020, mon employeur m'apprit que mon beau-père avait des soucis : il était contraint de rembourser 20 000€ à une association pour laquelle il travaillait bénévolement, une histoire datant de 2015, mais découverte en 2016, soit après l'arrivée suspecte d'une imprimante professionnelle chez sa fille.

Sa réputation se retrouva ainsi écornée. Curieuse coïncidence avec ce que j'avais déjà appris en janvier 2016.

Ces histoires semblent décidément se répéter dans certains milieux.

La sœur de mes enfants, quant à elle, restait encore en contact, et il y avait toujours cet intérêt à communiquer, surtout lors des fêtes de fin d'année.

Le grand frère, lui, ainsi que sa compagne, se faisaient plus discrets. Peut-être avaient-ils eux aussi ressenti le poids de cette manipulation.

En tout cas, ils m'avaient donné les preuves que j'avais besoin de garder : celles de l'agressivité de leur mère.

Puzzle sans pièces, psychologues et non-dits, à qui profite le flou ?

Les psychologues qui avaient suivi mes enfants pendant trois mois convoquèrent une réunion pour faire le bilan.

Dans cette salle austère, à quatre mètres de distance, ils exposèrent leurs observations : des enfants fragiles, camouflant parfois les réalités pour compenser des manques affectifs.

Après leur discours, je posai une simple question : « Les enfants vous ont-ils parlé de ce qui s'est passé avec leurs sœurs ? » Mes enfants savaient qu'il y avait des problèmes, mais les détails leur échappaient.

« Non » répondirent-ils sans appel.

Cette réponse souleva en moi des questions sur l'authenticité des accusations qui m'avaient été adressées. Si le père était un tel danger, pourquoi ces enfants n'avaient-ils jamais rien exprimé aux psychologues, pourtant rompus aux techniques permettant de faire émerger les non-dits ?

La question mérite pourtant bien d'être posée : comment ces enfants, vivant au sein de cette famille depuis si longtemps, auraient-ils pu ignorer les accusations portées contre leur propre père ? Les gestes de la mère, les rumeurs de prédateur, les suspicions de viol... Ces insinuations auraient dû les marquer.

Et pourtant, rien ne transparaissait chez eux lorsqu'ils s'exprimaient avec les professionnels. On aurait dit que leurs émotions et leurs larmes se déversaient ailleurs, loin de ce cadre familial devenu toxique.

À bien y penser, les réactions des professionnels varient souvent selon des biais qu'ils peuvent avoir ou les jugements hâtifs qu'ils portent. Certains, voyant une mère accuser un père, adoptent peut-être une attitude apaisante pour éviter de raviver les tensions.

Pour comprendre la situation, il devient crucial de rassembler toutes les pièces du puzzle. Analyser les relations et dynamiques familiales, et surtout, ne pas se contenter de jugements sommaires.

Une vision claire de l'histoire exige une exploration profonde, une analyse honnête de chaque aspect du contexte familial.

Mais qui a le temps pour une telle introspection de nos jours ?

Pourtant, il faut faire remarquer que trois ans après les accusations, jamais les enfants n'ont vu leurs sœurs en pleurs ou mal à l'aise à la maison. Jamais de prévention, pas une seule fois, on ne leur a dit : « Il faudrait vous méfier de votre père, car regardez ce qu'il a fait à vos sœurs ! »

Jamais un tel discours préventif.

Comme si tout allait pour le mieux dans le meilleur des mondes... Comme si...

Monologue public et silence des preuves, La réputation passe à la pelleteuse numérique

En décembre 2020, une nouvelle bombe éclata sous la forme d'une vidéo publiée par une association de soutien aux femmes battues. Si elle pouvait être bien intentionnée, ce genre de « preuve » doit être abordé avec précaution : il est tellement facile d'y insérer des biais, et il convient d'évaluer ces informations avec une distance critique avant de formuler des conclusions.

Or, cette vidéo ne s'est pas contentée de chuchoter des accusations, mais les a brandies au grand jour !

Dans une société où tout le monde connaît tout le monde, c'était la diffamation dans sa forme la plus cruelle. Même sans nom, les insinuations étaient limpides, et certains de mes clients l'ont vue.

C'était comme creuser ma tombe avec une pelleteuse.

Car la diffamation, c'est ça : des allégations fausses qui n'ont de poids que pour ceux qui les croient. Si cette personne m'en veut pour ce récit, c'est qu'au fond, elle sait ce qu'elle a fait et pourrait comprendre qu'une vie honnête et respectueuse aurait évité tout cela.

Qui dit nouvelle cabale publique dit nouvelle plainte de ma part pour diffamation !

Cette affaire illustre les méthodes insidieuses de certaines associations malveillantes qui, sous couvert de défendre des causes honorables, n'hésitent pas à salir des réputations pour leurs propres objectifs. Les médias et réseaux sociaux sont devenus leurs armes de calomnie, sans considération pour les vies qu'ils détruisent.

Dans cette vidéo – que dis-je : ce monologue sans âme, dénué d'émotion réelle, juste une répétition de la même rengaine –, elle avait pris soin cette fois de parler en français, afin de toucher un plus large public.

Avec un ami, nous avons laissé des commentaires rappelant que cette vidéo était maintenant sous plainte pour diffamation. Mon ami a souligné avec justesse qu'une accusation aussi grave nécessitait des preuves tangibles.

Étrangement, ces commentaires ont disparu en moins d'une heure. Preuve, s'il en fallait encore une, que ces associations n'ont aucune patience pour les voix discordantes qui pourraient ternir leur image sur nos écrans et réseaux.

La vigilance est décidément plus que jamais nécessaire pour que des innocents ne tombent pas sous les assauts de ces justiciers en ligne aux intentions douteuses !

Immobilier social et immobilisme judiciaire, le poids d'une culpabilité imaginaire

L'année 2021 m'a plongé encore plus profondément dans les réflexions sur l'immobilier social, cette lacune béante de notre beau pays où les prix de l'immobilier semblaient taillés pour écraser plutôt qu'abriter.

Mon esprit s'enflammait à l'idée de rendre le logement accessible sans jouer au démiurge commercial qui broie au passage les rêves d'habitat paisible de tant de gens.

Mais comment faire chuter les prix sans piétiner les profits sacrés ? Cette quête, loin de plaire aux amateurs de rendements juteux, m'offrait de nouveaux défis à chaque tournant. Et c'était sans doute pour cela que j'étais perçu comme un caillou dans la chaussure bien cirée de certains grands manitous de la politique, qui auraient préféré un dossier plié sous le tapis.

Sans se presser, ils laissaient mes idées en friche.

Mais qu'importe : l'objectif de redonner une part de justice dans l'accès au logement continuait de m'habiter, transformant chaque obstacle en prétexte à innover davantage.

Dans ce calme relatif, entre des rencontres de personnages haut placés et un murmure de soutien discret, un autre coup est tombé : un refus de non-lieu me forçait à rester englué dans la voie d'une culpabilité imaginaire.

La présomption d'innocence ? Disparue, évidemment !

Le bœuf, c'était moi, et il fallait bien l'abattre proprement.

Mais en attendant cette exécution méticuleusement planifiée, je me concentrais sur l'essentiel : préserver un environnement stable pour mes enfants malgré les assauts réguliers qui s'abattaient sur nous.

Par moments, il fallait se rappeler, presque en mantra, que si même un gramme de vérité s'était glissé dans les accusations, je n'aurais sûrement pas besoin de passer mes jours à me battre pour une justice qui devrait aller de soi. Et surtout, mes enfants ne seraient pas ballotés dans cette guerre d'usure.

Seul face à la tempête, quand l'avocat dépose les armes

L'année 2021 glissait ainsi sans autre chaos, une accalmie précaire, jusqu'à ce fameux rendez-vous de septembre chez mon avocat. J'y allais pour préparer sereinement l'audience d'octobre, une simple formalité, pensais-je.
Mais non, un nouveau coup de théâtre !
Mon avocat, embarrassé, me glissa que son collaborateur, jusque-là en charge de mon dossier, avait eu la brillante idée de devenir juge. Sympathique promotion, certes, mais du coup, il devait jongler entre son propre travail et les dossiers laissés en plan par cet ancien employé.
Et pour couronner le tout, il me lâcha l'annonce qu'il ne pourrait plus s'occuper de mon affaire en profondeur, comme il le devrait.
« Ne vous inquiétez pas, je vais vous aider à trouver un bon avocat » dit-il pour sauver la face. Mais avant que je puisse avaler la nouvelle, il ajouta cette note sinistre : « Ah, et soyez prudent : il y a deux journalistes qui sont apparemment très intéressés par votre histoire… »
Ah ! Les réjouissances ne manquaient jamais !
J'allais devoir jongler entre un nouveau défenseur, un dossier labyrinthique et cette épée de

Damoclès médiatique prête à trancher ce qu'il me restait de dignité.

La veille de l'audience, tard dans l'après-midi, mon avocat m'annonça qu'il n'avait trouvé aucune solution pour m'éviter la débâcle du tribunal en solitaire.
Il me conseillait donc d'y aller, de plaider un report pour m'octroyer le temps de dénicher un nouvel avocat. Ce fut exactement ce que j'ai fait ! Me voilà seul devant le juge, à tenter de sauver les apparences.

À sa question de savoir si j'entendais me défendre moi-même, je répondis poliment que, vu l'ampleur et la complexité du dossier, il me fallait impérativement un avocat pour en gérer les subtilités procédurales.
Le juge, compréhensif, accepta et je lui remis un document listant minutieusement les 17 rebondissements abracadabrants que la Victime avait si ingénieusement manigancés pour me coincer.

Je n'avais jamais pris la peine de lire les accusations absurdes contre moi, les considérant toutes comme des calomnies grotesques. Mais ce que j'avais rassemblé dans ce dossier allait, je l'espérais, me donner un peu d'air, en pointant au moins l'invraisemblance de ses accusations.

À ce moment, une personne, assise non loin, s'écria furieusement, accusant mon avocat d'un manque de professionnalisme ahurissant, menaçant même de porter plainte contre lui.

Mais que voulez-vous, ce n'était pas mon problème. Si mon avocat m'avait abandonné sur le front, c'était aussi un choix bien commode pour éviter de défendre une affaire sans queue ni tête.

Quand les rumeurs écrasent les rêves :
l'enclume de la justice

On me fixa une nouvelle date en janvier.

Après les fêtes de 2021, j'entamai donc la recherche d'un avocat prêt à en découdre, un qui ne reculerait pas devant cette mascarade judiciaire.

Cette quête improbable d'un successeur qualifié n'était pas n'importe quelle tâche ! Cet avocat tenait tant à son « bébé » qu'il rejetait systématiquement les candidats que je lui proposais.

Finalement, il m'orienta vers un pénaliste réputé, un expert des cauchemars judiciaires subventionnés.

Après un exposé de cette affaire infernale, il accepta de s'en charger, non sans une pointe de réserve, comme s'il touchait aux affaires d'un diable.

Lors de l'audience suivante, mon nouvel avocat arriva quasiment les mains vides, ayant à peine eu le temps d'effleurer le dossier. Elle demanda un report de neuf mois, me condamnant à un suspense interminable, pour enfin préparer une défense digne de ce nom.

Un délai de plus, et neuf mois à tenir encore sur ce champ de mines.

En parallèle, le directeur d'une ASBL reconnue, flanqué de cinq poids lourds du pays, m'annonça sans détour que rien ne bougerait dans mon projet d'agence immobilière sociale tant que cette affaire me collait aux basques.

Ils appréciaient mon projet, bien sûr, mais le poids de mes ennuis judiciaires leur pesait comme une enclume.

Ah, les rumeurs ! Toujours plus efficaces que des preuves tangibles pour briser les ailes des idées audacieuses.

Et, là encore, ma mission sociale se transformait en un scénario digne d'une série à suspense ! Il ne manquait que Tom CRUISE au générique de ce nouveau « Mission Impossible », le plus long de tous les épisodes de la franchise.

Interminable, en fait !

Du sourire des clients au silence des enfants, la fracture de l'injustice

En avril 2022, la « pause Covid » prit fin et, à l'approche de Pâques, le travail de dégustation reprit son cours.

Nous voilà de retour dans les magasins à travers le pays, en quête de clients curieux, attirés par nos produits savamment choisis.

Ce retour à la normale avait quelque chose de grisant. Le sourire retrouvé des clients, les ventes enfin florissantes, tout semblait reprendre une saveur d'antan.

Encore une belle illusion de renouveau, malgré l'ombre qui continuait de planer.

Pourtant, même avec ce semblant de retour à la vie, mes pensées ne pouvaient se détacher de mes enfants.

Depuis le printemps 2022, leur sœur ne donne plus signe de vie.

Probablement un conseil « avisé » de son avocate, lui recommandant d'éviter tout contact à l'approche de l'audience d'octobre.

Cette coupure ne se limita pas à elle ! Mes fils étaient eux aussi relégués à une quasi-mort sociale, séparés de leur sœur par des préceptes juridiques absurdes.

Ah, ce fameux mantra de l'intérêt supérieur des enfants !

Où est-il donc dans ce scénario kafkaïen ?

Terrorisme familial, les cicatrices d'une guerre judiciaire

Avec mes fils, nous avons dû apprendre l'art de la débrouillardise.

Mon fils aîné, à tout juste 14 ans, était devenu en ma compagnie mon mécanicien en herbe, un expert de notre vieille voiture qui demande des soins constants. Cette relique sur roues est devenue notre fardeau collectif, surtout avec une mère aux abonnés absents sur le plan financier depuis deux ans, sans aucune obligation légale de contribuer.

Mon fils démonte et remonte chaque pièce avec une habileté qui dépasse son âge, du train avant à la boîte de vitesse, rendant hommage à une enfance sacrifiée sur l'autel de la survie familiale.

Pendant tout ce temps, j'espérais encore naïvement qu'un jugement équitable viendrait enfin clore ce chapitre pour permettre aux juges de prendre des décisions sereines sur la garde de mes enfants.

Bien sûr, la mère, grande stratège des réglementations, sait qu'un jour il lui faudra bien s'acquitter des pensions alimentaires. Mais pour le moment, elle fait le choix de l'inaction, peut-être en espérant qu'un miracle la dispense de cette charge.

La société devrait absolument se pencher sur les violences familiales, non seulement dans les cas évidents, mais aussi dans les cas de négligence émotionnelle et d'aliénation parentale, qui laissent des cicatrices invisibles mais profondes.

Ce n'est pas seulement une question de droits : il s'agit de prévenir un désastre affectif et moral pour les enfants.

Et la loi ? Elle devrait cesser de jouer à l'autruche et se montrer impartiale, punissant sans distinction de genre ceux qui bafouent les droits des plus jeunes.

Ce que j'appelle le « terrorisme familial » est un fléau sous-estimé, mais il nécessite une réponse urgente. Les enfants, pris dans ces conflits absurdes, sont ceux qui en souffrent le plus.

Il est donc impératif que les lois et le système judiciaire soient renforcés pour reconnaître la gravité de ces situations et assurer la sécurité et le bien-être des enfants. Des sanctions, des interventions, et surtout un soutien pour ceux qui subissent cette forme de violence émotionnelle devraient être mis en place.

Attendre que le mal soit fait pour agir revient à installer un nid de problèmes insurmontables pour l'avenir.

Or, au lieu de protéger les enfants et tenir fermement les auteurs pour responsables, ce que l'on constate dans les faits, c'est souvent une protection des prétendues Victimes, sans réelle évaluation de la réalité, et ce, bien trop souvent au détriment des enfants.

Pendant des années, j'ai dénoncé cette situation à toute oreille qui voulait bien m'écouter, mais on dirait que mes paroles se sont évaporées.

Pourquoi n'entend-on que le témoignage des femmes ? Par frilosité ? Par crainte du scandale médiatique ?

Les activistes de certains groupes ont des moyens colossaux, capables d'influencer les médias en leur faveur. Peut-être est-il temps de créer des organisations similaires pour rééquilibrer la balance et donner aux hommes aussi un espace pour exprimer leur version.

Quand la vérité attend son tour face à une fresque de rumeurs

La veille de l'audience pour mon affaire pénale, mon avocate m'appela pour me dire qu'il nous faudrait une fois de plus garder le silence.

Cette audience se déroulerait en deux parties : d'abord les accusations et l'intervention des experts, puis, nous pourrions, peut-être, enfin nous exprimer.

Le lendemain, encore et toujours la même histoire depuis près de six ans, la même rumeur qui traîne sur une supposée soirée de fin 2014, où j'aurais commis des actes odieux !

Rien de neuf, juste un éternel refrain.

Ce qui s'étale ici, c'est une fresque d'accusations qui pèsent sur moi depuis 2012 : violence conjugale, abus... et la liste est longue. L'idée que j'aurais pu commettre les faits dont on m'accuse, alors même que je suis sous les projecteurs des accusations depuis des années, défie toute logique.

N'ai-je pas même obtenu la garde de mon fils aîné, alors que sa mère vivait avec un individu au passé judiciaire chargé en violence et agression sur mineur ?

Je sais trop bien ce qu'impliquent de telles accusations pour ne jamais les envisager.

Ces allégations relèvent d'une stratégie élaborée pour détruire ma réputation : me peindre en monstre et détourner l'attention des manigances de la prétendue Victime.

Lors de l'audience, un expert clarifia des points importants de manière concise et directe : selon lui, je ne présente aucun signe de pédophilie ou de tendances violentes, fondé sur l'analyse de nos entretiens !

Il n'a relevé aucune incohérence dans mes propos, ce qui, d'après lui, renforce l'idée que ma santé mentale n'est pas en cause ici, contrairement à ce que le juge semblait redouter.

La fille, quant à elle, porte certes les marques d'une vie difficile, mais il est clair que ces blessures ne sont pas de mon fait.

L'experte de la fille, malade, n'était pas présente. Son audition fut donc reportée à l'audience suivante.

Des révélations à retardement, drame fabriqué et feuilleton judiciaire sur mesure

Le prochain témoin à la barre était une représentante de la police judiciaire. Cette policière expliqua comment l'enquête avait été menée après la dénonciation de l'école. Elle souligna que la fille aurait appris le langage sexuel la veille lors d'un cours d'éducation sexuelle, ce qui lui aurait permis de s'exprimer dans ce contexte.

Immédiatement, l'incohérence me sembla flagrante : si l'accusation porte sur le fait d'avoir regardé régulièrement des vidéos pornographiques avec le prévenu supposé, cela contredit la version selon laquelle la fille aurait appris ce langage la veille seulement, sachant que la mère reconnaissait que ses enfants regardaient, comme tous, de la pornographie en cachette !

De plus, la plainte déposée en mai 2017 concerne des événements supposés en 2014, ce qui rend la chronologie des événements encore plus douteuse et laisse place à l'organisation de manipulations motivées par ces filles pour le cas où le mari n'accepterait pas ces décisions.

Cela dit, pourquoi placer ces événements en 2014 ? Parce que la fille avait alors moins de 15 ans !

Mais tout est bon, même des incohérences, pour inventer des faits, les placer dans un contexte différences, de manière à manipuler le juge d'instruction et l'audience.

La policière continua, et un nouveau détail des plus… percutants tomba : apparemment, la jeune fille aurait d'abord raconté ses « terribles expériences » à sa tante, c'est-à-dire la sœur de sa mère, la veille même de sa crise de larmes à l'école.
S'en suit le grand moment de réflexion morale : « Et vous, hein, que feriez-vous si votre nièce venait vous confier de tels faits ? » Nouveau recours à l'empathie ! La manipulation devient, peut-être, un brin évidente quand on connaît les circonstances, non ?
Car pourquoi ce petit détail croustillant n'a-t-il fait surface qu'aujourd'hui, en plein cœur de l'audience ? Ça ne semble pas étrange que cette révélation décisive soit gardée sous le tapis jusqu'à l'instant de vérité ? Peut-être qu'un léger retardement augmente l'effet dramatique ?

Et dans la suite de ce feuilleton, on nous apprend que la police a patiemment attendu trois semaines avant de mettre la Victime dans la confidence !
Trois semaines !
Et quand enfin, dans leur immense mansuétude, ils décident de la tenir informée, la pauvre femme semble complètement choquée. Tellement abasourdie qu'on l'imagine presque vaciller. Elle découvre alors, dans une stupeur théâtrale, les sombres trahisons de son futur ex-mari. Ignorante ? À ce point-là ?
Allons, soyons sérieux.

Difficile de ne pas ricaner en observant cette mise en scène plus que douteuse. Qui pourrait croire qu'une personne sensée, après des révélations aussi choquantes de sa propre nièce, aurait gardé le silence auprès de sa sœur ?

90

Mais non, la mère était dans une ignorance complète – une ignorance qui semble bien pratique pour le récit, pour montrer qu'elle n'est pas derrière ceci.

On ne se pose donc pas de questions sur cette révélation à retardement ? N'y a-t-il pas là encore comme un parfum de manipulation, destiné à allonger cette procédure insensée et ruineuse, tout en maintenant le suspense sur fond de secrets bien gardés ?

Entre données cachées et enquêtes bâclées : le mystère de l'ordinateur fantôme

Lorsque le juge entre en scène, évoquant l'ordinateur comme une pièce cruciale, la policière, d'un air sérieux, explique qu'il faudrait le confier aux experts des techniques modernes.

Comment cela ? C'est seulement maintenant qu'on se demande si l'ordinateur devrait être examiné ? Et personne n'a pensé à le faire avant ?

On se limite aux photos, comme si le reste ne comptait pas. On dirait qu'une force mystérieuse, une télécommande invisible, dirige les investigations.

Imaginez ce que l'on aurait pu trouver en explorant cet ordinateur ! Mais bien sûr, creuser davantage pourrait bouleverser tout ce petit théâtre bien orchestré.

Pourtant, ces enquêteurs savent très bien que ce juge interpréterait forcément les preuves comme celles d'un « ordinateur familial », accessible à tous, donc tout sauf incriminant.

Mais ça, bien sûr, on préfère l'ignorer.

Ah, et que dire de l'incapacité à dater les fameuses photos !

On parle ici de spécialistes, censés être capables de pénétrer les systèmes de données.

Figurez-vous que, par curiosité, j'ai même contacté le service Apple spécialisé dans la cybersécurité et les intrusions.

Leur réponse ? Personne n'a pris la peine de les solliciter pour examiner cet ordinateur, pas plus que pour y chercher le fameux espion TeamViewer qu'on aurait judicieusement camouflé dans un document Word !

Un simple e-mail à TeamViewer aurait suffi pour obtenir des informations cruciales, mais là encore, silence radio. Imaginez si on avait su que l'ordinateur familial était connecté jour et nuit à un autre appareil en 2015 ? Avec ou sans VPN, cette connexion aurait suffi pour prouver qu'il y avait manipulation – et innocenter le suspect.

Mais apparemment, ce n'était pas le but de l'opération.

Non, bien mieux de glisser un logiciel d'espionnage dans un dossier Word, de rendre l'icône invisible, et de prétendre que personne ne pouvait le découvrir.

Apple aurait pu démêler tout cela en deux temps, trois mouvements, mais rien, absolument rien n'a été tenté. Tout est resté soigneusement « en attente ».

Cet ordinateur, on en parle comme d'une légende, mais personne n'a vraiment cherché à savoir. Ah, si j'avais pu mettre la main dessus, j'aurais engagé un expert pour le retourner dans tous les sens !

Il aurait fouillé dans les e-mails supprimés ; après tout, le système les conserve bien au chaud. Il aurait probablement déniché des preuves de manipulation et d'accusations dirigées contre moi, découvrant la Victime en train de fabriquer ces preuves incriminantes.

La justice aurait aussi pu saisir et analyser l'ordinateur de la Victime et de sa sœur. Mais non, visiblement, leur but était de monter un dossier à charge contre moi, espérant que je finirais par craquer sous la pression interminable.

Quelle vision pitoyable.

Quand les silences de l'enquête deviennent trop bruyants

« Je suis désolé, mais je ne peux pas vous aider avec cette demande » conclut la policière.

Cerise sur le gâteau, ou plutôt sur le tas de débris qu'était cette affaire, l'atmosphère dans cette pièce froide et austère du tribunal était à couper au couteau.

Les mots de l'agent de la Police Judiciaire résonnaient dans l'auditorium comme un écho dérangeant, un rappel cruel de l'ineptie ambiante.

Du côté de la défense, des murmures d'indignation, presque instinctifs. Mais en face, le silence. Un silence lourd, pesant, presque complice.

La partie accusatrice restait étrangement muette, comme si le moindre mot pouvait fissurer leur fragile château de mensonges.

Ce moment aurait dû être leur heure de gloire, leur opportunité de s'insurger contre l'échec abyssal de l'enquête. De crier à l'injustice, de réclamer des réponses.

Mais non.

Leur silence parlait plus fort que n'importe quel discours. Une suffisance arrogante, un mépris presque palpable pour tout ce qui ressemblait à la vérité.

Et ce silence, mesdames et messieurs, trahissait une peur : celle de voir tout s'effondrer.

Tout au long de cette enquête grotesque, ils auraient dû réclamer des recherches poussées. Ils auraient dû être les premiers à douter des fameuses « preuves ».

Ces photos prétendument incriminantes ? Trouvées sur un ordinateur accessible à n'importe qui, 24 heures sur 24, sans mot de passe.

Une blague.

Mais non, ils préféraient détourner les yeux, espérant qu'on ne regarderait pas trop près. Peut-être savaient-ils déjà qu'une véritable investigation serait leur pire cauchemar.

Quand la vérité attend dans un tiroir fermé la fin de la pause-café de la justice

Et c'est là que réside l'échec monumental de l'État, incarné par la Police Judiciaire.

Pourquoi n'ont-ils pas creusé davantage ? Pourquoi ne pas saisir tous les ordinateurs des protagonistes, pour comprendre ce qui se cachait vraiment ?

Parce que, peut-être, les ordres venaient d'en haut.

Parce que la justice, dans cette affaire, semblait avoir pris une pause-café prolongée, oubliant sa mission première : découvrir la vérité.

Puis l'audience a été levée, une nouvelle audience programmée pour le mois suivant.

Encore une fois, on remballe, on replie le décor, et on retourne à une « vie normale ».

Normale, vraiment ? Quelle blague.

La normalité, dans ce cauchemar, n'était qu'un lointain souvenir. Mais pas de souci, on laisse les mois passer, on reprend son souffle, et c'est reparti pour un tour.

Un cycle sans fin où la justice tourne en rond, et où le seul progrès, c'est celui des pages du calendrier.

Quand la vérité « scalpel » découpe la farce judiciaire

L'audience suivante débute avec l'experte de la fille fragile, une véritable performance théâtrale où elle explique, avec une compassion feinte, que cette pauvre enfant est incapable de se situer dans le temps ou de fournir des précisions.

Un tableau pathétique, parfait pour masquer les failles abyssales du dossier.

C'est drôle comme l'amnésie et la confusion deviennent soudain des arguments solides lorsqu'il s'agit de maintenir un mensonge.

Puis mon avocate entre en scène, telle une prédatrice affûtée.

Chaque incohérence, chaque contradiction est arrachée aux dépositions comme un scalpel découpe un tissu malade. Les mensonges de la mère, les contradictions des filles, les dérapages de la sœur et même les approximations de la police, tout y passe.

C'est un véritable massacre de leur pseudo-crédibilité, asséné avec la précision d'un maître-artisan.

Pendant près d'une heure, elle déroule son plaidoyer avec une passion inébranlable, déshabillant pièce par pièce cette affaire interminable qui ressemble à une farce judiciaire.

Puis mon tour vient.

Les mots jaillissent de ma bouche comme une lave de vérité, brûlante et implacable. Je ne me contente pas de répondre aux accusations, je les balaye avec un mépris affiché, refusant même de leur accorder l'honneur d'une lecture attentive. Je dénonce la manipulation de la mère, la dévoilant comme la metteuse en scène d'un spectacle sordide.

Si seulement ses propres filles avaient osé parler en 2015 des hurlements de leur mère, nous n'en serions pas là aujourd'hui, noyés dans cet océan de tromperies.

Face aux vérités numériques, l'ignorance affichée de la justice

Mais le Parquet ne comptait pas laisser les choses se terminer sur une note trop favorable.

Avec une véhémence calculée, l'avocat général se lance dans une tirade enflammée, évoquant les « pauvres victimes » assises au fond de la salle.

Il refuse catégoriquement de croire à mes affirmations sur le piratage de mon ordinateur. Et là, grand moment d'anthologie : il affirme avec une assurance déconcertante que l'espionnage via TeamViewer est impossible. Pourquoi ? Parce que, selon lui, le logiciel affiche des bandeaux rouges bien visibles en cas de connexion à distance.

Il gesticule, il démontre, il fascine même l'audience avec ses explications pseudo-techniques.

Le seul problème ? Tout cela repose sur une méconnaissance flagrante ou, pire, une désinvolture alarmante.

Il est stupéfiant qu'une affaire criminelle de cette ampleur repose sur des arguments aussi bancals. Une simple recherche sur le fonctionnement de TeamViewer montre qu'il est possible de configurer des accès sans nécessiter de mot de passe, notamment en mode « Propriétaire ».

Mais apparemment, cela n'a pas traversé l'esprit de ceux qui ont bâclé cette enquête.

Était-ce un manque de compétence, de sérieux, ou simplement une paresse institutionnalisée ? Quoi qu'il en soit, ce spectacle m'a laissé sans voix.

À la sortie de la salle d'audience, mon avocate affichait une confiance tranquille. Moi, en revanche, je ne pouvais pas m'empêcher de ruminer les absurdités que je venais d'entendre.

Il faudrait attendre six longues semaines pour connaître le verdict, un délai cruel pour digérer une telle montagne d'injustice et de médiocrité.

De la cible à l'éclaireur, ou comment transformer l'injustice et mission de sensibilisation

Pendant trois jours, le sommeil a fui comme un voleur dans la nuit, me laissant seul avec mes pensées, obsédé par l'absurdité de ce qui s'était joué dans cette enceinte judiciaire.

Comment pouvait-on laisser passer de telles inepties, là où la vérité était censée éclater au grand jour ?

Désemparé, je me suis mis à chercher quelqu'un, n'importe qui, pour m'aider à comprendre ce fameux logiciel TeamViewer. Mais attention, il fallait que cette ignorance persiste en apparence : toute tentative de m'instruire risquait d'être retournée contre moi, me présentant comme le manipulateur suprême de ce jeu tordu.

Finalement, la solution est venue de mon fils, quinze ans et déjà une longueur d'avance sur ces experts improvisés.

En moins de 30 minutes, il a installé TeamViewer sur deux ordinateurs, les connectant en mode « Propriétaire », et a montré avec une désinvolture troublante combien il était facile de s'introduire dans la vie numérique de quelqu'un.

Il a même produit une vidéo explicative, toujours disponible sur YouTube, où tout est détaillé : écrans de veille visibles, dossiers fouillés, e-mails ouverts. Une démonstration si limpide qu'elle aurait dû faire rougir ceux qui prétendaient que ce genre d'espionnage était « impossible ».

Et bien sûr, dans mon cas, elle connaissait parfaitement mon emploi du temps. Quand j'étais sur les routes, livrant des clients, l'écran était libre, l'accès sans entrave.

Une cible parfaite.

Ensuite, vint l'étape de la communication.

Nous avons envoyé des e-mails, sensibilisant les gens aux dangers de ces pratiques d'espionnage à distance.

Les réponses furent encourageantes : discussions, questions, et surtout, une prise de conscience collective sur l'importance de la sécurité informatique. Ensemble, nous avons travaillé à éduquer et protéger, transformant ma tragédie personnelle en une opportunité de sensibilisation.

L'étoile jaune effacée, mais à quel prix ?

Puis, le 15 décembre 2022, l'appel providentiel est arrivé : mon avocate m'a annoncé mon acquittement.

Le poids des accusations infâmes — pédophile, violeur, criminel — s'est envolé. L'étoile jaune enfin retirée ! Mais à quel prix ?

Une procédure abusive, une vie exposée et déchiquetée pour rien.

J'ai passé 30 minutes à simplement respirer, assis dans mon bureau.

Deux personnes, voyant mon état, ont insisté pour rester avec moi.

Je leur ai assuré que tout allait bien, mais l'ironie dans ma voix n'a trompé personne.

Enfin, c'était fini ! Enfin !

Mais à Noël, chez Mamie, j'ai préféré garder le silence.

Que ma famille reste dans leur ignorance ; ils ne méritaient pas de savoir que j'avais triomphé.

Edmond Dantè's venait de naître.

Le temps des règlements de comptes était enfin arrivé.

Après trois ans avec mes enfants à mes côtés, il était clair que la garde officielle devait être mienne. Il n'y avait plus de doute, seulement des faits.

Début janvier 2023, la partie adverse fit appel du jugement, mais cela n'annulait pas ma victoire. Ils récoltaient enfin le fruit de leurs mensonges. Le jeu était terminé.

Reprendre le contrôle, brandir la vérité comme étendard : l'heure des comptes a sonné

Malgré tout, une question me hante : que serait ma vie aujourd'hui sans cette tempête ? Mes dettes auraient été réglées, ma maison jamais vendue sous la contrainte.

Quelqu'un doit payer pour tout cela ! On ne peut pas infliger une telle destruction à un homme sans qu'il y ait des conséquences.

Alors je tiens bon, déterminé à réclamer justice pour mes enfants et pour moi-même.

L'avocat précédent, complice tacite des exigences absurdes de la partie adverse, restera désormais en retrait. Leur jeu de dupes a pris fin.

L'e-mail présenté par cette femme, supposé justifier le renvoi des enfants, ne faisait que prouver à quel point elle les considérait comme inexistants.

Le masque est tombé.

Elle devra affronter les conséquences, tout comme nous avons dû affronter ses manipulations.

J'ai écrit à mon avocat pour clarifier une chose essentielle : même si la Victime prétend avoir été d'accord sur certains points, cela n'excuse en rien son absence totale d'implication dans la vie de ses enfants.
Ni son refus de contribuer à leurs besoins.
Elle a joué, elle a perdu.
Maintenant, elle devra vivre avec le regard de ceux qui ont compris, un poids bien plus lourd que tout ce qu'elle a tenté de m'imposer.

Ainsi, j'ai décidé de prendre les choses en main.
Fini les avocats, fini les demi-mesures et les compromis bancals.
Sur les conseils du service social, désireux de mettre un terme à cette saga interminable, je me tourne directement vers la juge des affaires familiales.
Dans ma demande, je poserai les choses clairement : j'ai attendu, patiemment, toutes ces années. Pourquoi ? Parce qu'un père accusé à tort de viol n'a pas sa place dans une demande de garde officielle !
Mais aujourd'hui, la vérité judiciaire a parlé, l'appel est derrière nous. Rien ne justifie davantage cette attente.

Je n'oublierai pas de souligner l'essentiel : les mauvais traitements, physiques et psychologiques, infligés aux enfants par leur propre mère. Son absence totale de contribution, même pas pour couvrir leurs besoins les plus élémentaires.
Elle, qui a osé demander avec son compagnon qu'ils ne reviennent jamais. Elle, qui a caché leurs médicaments, les privant de soin pour leurs verrues. Et c'est elle qui prétend défendre leurs intérêts ?

Le courrier est envoyé, la demande de changement de garde déposée.

Si elle ne se présente pas, ce sera pris en compte. Et alors, enfin, la justice pourra faire son travail.

L'avocate, la Victime et l'art de l'esquive : la stratégie du désespoir vire au grotesque

Début mars 2023, pour la plaidoirie, je fais appel à mon avocate pénaliste, la seule à avoir fait preuve d'une maîtrise totale lors de mon affaire pénale. Dès l'ouverture de l'audience, l'avocate adverse, dans une mise en scène digne d'un mauvais drame, lève les bras au ciel et s'exclame : « Pourquoi ce divorce traîne-t-il autant ? Passons sous la nouvelle loi et réglons cela en six semaines ! »

Sa proposition, simple en apparence, suinte l'opportunisme. Mon avocate, plus astucieuse, accepte mais ajoute immédiatement : « Très bien, mais à condition de revoir le partage des biens. Après tout, il a été tellement mal orchestré... »

En quittant la salle, nous apercevons l'avocate adverse réconforter sa cliente, la Victime, dans le couloir. Une scène presque touchante, si elle n'était pas grotesque.

Comment cette avocate peut-elle prétendre défendre un dossier qu'elle ne connaît visiblement pas ? En vérité, la Victime dirige le spectacle depuis le départ.

Quand on n'a pas d'arguments, on joue sur la clémence, on feint l'étonnement et on ment avec aplomb. Une stratégie bien rodée, mais qui dépasse les limites de l'acceptable.

Mon avocate, toujours professionnelle, me glisse en sortant : « Vous savez, nous ne pourrons plus demander de dommages et intérêts pour le divorce.

Mais Madame aurait pu en recevoir si l'ancienne version du divorce avait été conservée, surtout si vous aviez été condamné au pénal. »

Ah, quelle ironie ! Elle aurait décroché le gros lot si j'avais été jugé coupable. Mais voilà qu'elle change de tactique, réalisant que son affaire pénale est en train de s'effondrer.

Plutôt que de répondre aux accusations de mauvais traitements envers ses enfants, elle préfère se réfugier dans un silence complice.

Avec un sourire en coin, je réplique : « Alors, nous avons une pierre supplémentaire pour le prochain plaidoyer. » Mon avocate, sans se démonter, corrige : « Une pierre ? Non, un rocher ! »

Et voilà, une bonne dose d'ironie pour conclure cette scène.

Les poids morts, ça me connaît.

Et il semblerait qu'ils finissent toujours par écraser ceux qui les portent.

Bon sens versus bureaucratie,
Santé versus manigances

La Victime, toujours experte dans l'art de l'esquive, a encore réussi à se soustraire à l'obligation de s'expliquer devant le tribunal. Merci aux nouvelles procédures restrictives qui semblent faites sur mesure pour les manipulateurs !

Mais chaque échec nourrit ma détermination. Plus que jamais, je suis résolu à exposer ses manigances et à partager les leçons tirées de ce piège qu'elle a elle-même fabriqué.

Elle continue à jouer, certes, mais ses coups sont de plus en plus maladroits. Les illusions qu'elle entretenait en 2015 ne séduisent plus grand monde.

Alors que le divorce suit son cours, la vie continue à tester ma patience.

En mai, mon fils subit une torsion testiculaire nécessitant une opération urgente. Mais bien sûr, dans ce théâtre absurde, l'autorisation de sa mère devient une formalité presque impossible à obtenir.

Je contacte le service social, qui me dirige vers le juge des affaires familiales.
Par e-mail, j'explique l'urgence.
Leur réponse ? « Contactez la mère ! »

Je leur explique qu'elle ne répond qu'aux appels qui servent ses intérêts. Résultat : on me conseille de garder une trace d'un e-mail envoyé, mais on promet de m'aider.

Et, comme attendu, le week-end apporte son lot d'absurdités administratives : « Nous ne pouvons rien faire, votre divorce est traité ailleurs. »
Un autre mur.

Heureusement, le bureau du chirurgien tranche cette absurdité avec une dose de bon sens : à 16 ans, mon fils est jugé assez mature pour décider de sa santé. Pas besoin de la signature maternelle !
Enfin une victoire !
L'intervention se déroule sans problème.

Dans une ironie digne d'un roman, je reconnais la voix de ma première avocate dans la chambre d'à côté. Nos fils se font opérer le même jour.

Autour d'un café, nous échangeons sur les méandres de cette affaire. Je reconnais qu'en 2015, elle ne pouvait lutter contre un dossier aussi manipulé.

Dommages collatéraux, comme toujours.

Reflux gastrique et judiciaire : quand l'absurde devient chronique

En juin, lors d'un contrôle post-opératoire, mon fils explique qu'il souffre encore de reflux gastriques.

Avec une sagesse déconcertante, il me lance : « On a deux cerveaux, papa : un dans la tête, l'autre dans l'estomac. Si on règle nos problèmes de la bonne façon, tout se stabilise. »

Un rappel simple mais profond.

Et devinez quoi ? Pas besoin de la signature de sa mère pour ça non plus.

Pendant ce temps, les rumeurs continuent de courir, comme un poison lent.

Chaque nouvelle rencontre est polluée par les mêmes questions : « Comment est-ce possible qu'elle ne paie pas de pension alimentaire ? » Ces interrogations, aussi légitimes soient-elles, pèsent sur mes relations et font fuir les bonnes intentions.

L'été 2023 apporte une ultime audience pour finaliser le divorce, et l'automne nous promet une audience pour la pension alimentaire. Encore un chapitre à ce roman kafkaïen.

Vigilance, prudence, résilience, face aux stratégies de la dernière chance

Finalement, fin 2023, le jugement tombe. La partie adverse a préparé un spectacle pitoyable, rempli de commérages et d'accusations vides : « Le père manipule les enfants ! »

Elle évoque sa précarité financière, son salaire de 1900 €, ses charges, et même l'aide financière de son propre père pour se plaindre de ne pas pouvoir contribuer à la vie de ses enfants.

Pourtant, elle semble trouver le budget pour deux abonnements téléphoniques et des dons à des ONG.
Une stratégie cousue de fil blanc.

Malgré tout, elle est condamnée à payer une petite pension alimentaire.
Sa générosité atteint des sommets : un virement de 10 € en février 2024.
C'est tout !
Patience et persévérance seront mes alliées. Une saisie sur salaire est en cours pour récupérer les arriérés et les futures pensions. Peut-être ce rappel à la réalité lui fera-t-il revoir ses priorités : moins de bénévolat ostentatoire, plus de responsabilité envers ses enfants.

Le jugement final impose aussi une révision du partage des biens et l'obligation de fournir l'historique d'un compte soigneusement dissimulé.
Comme on dit, les biens mal acquis ne profitent jamais.

Mais bien sûr, les procédures s'éternisent.

Fin novembre 2023, alors que le plaidoyer d'appel approche, je reçois un e-mail étrange, prétendument de mon avocate.
Un texte maladroit, indigne d'une professionnelle. L'usurpation d'identité est vite confirmée par son supérieur.

En cherchant à envoyer un e-mail à mon avocate, je découvre une adresse presque identique à la sienne. Une adresse fictive, créée pour détourner des informations.
Heureusement, je ne tombe pas dans le piège.
Avec les captures d'écran en main, je dépose une plainte.

Le commissariat confirme que Siri a enregistré cette fausse adresse en juin 2023, preuve d'un stratagème ingénieux visant à me piéger.

Ce dernier épisode illustre bien le degré de machination auquel j'ai été confronté. Mais chaque tentative ratée ne fait que renforcer ma vigilance.
La prudence et la résilience, dans ce combat, restent mes meilleures armes.

Le diable et ses complices, et Zeus fatigué, entre foudres et rictus

Et voici novembre 2023, ce doux mois où l'on célèbre les frimas et les ultimes miettes de dignité humaine.
Voilà, l'appel.
J'étais là, debout, comme une âme en peine qui aurait décidé de jouer à cache-cache avec le destin. J'attendais, en avance bien sûr, parce que le retard c'est pour les gens qui ont encore des rêves à tuer. Mon avocate devait arriver.
Moi, je scrutais l'horizon, espérant vaguement qu'elle se pointe avec une cape et un glaive, parce qu'il allait en falloir pour ce combat.

Et puis, ils sont arrivés. Le diable en personne, accompagné de son complice au visage aussi joyeux qu'un enterrement sans fleurs.
Oh, comme ils étaient contents d'être là, ces deux-là. Leur sourire, une espèce de rictus grotesque, avait l'audace de prétendre à une normalité.
C'était presque mignon, leur manière de défiler, comme si leurs crimes étaient de petits malentendus. Ils se sont installés, bien à leur aise, tels des propriétaires visitant une vieille maison qu'ils auraient incendiée.

Et voilà, le moment tant attendu où il allait falloir affronter les foudres de la justice. Une belle expression, non ? « Foudres ». On s'imagine des éclairs divins, une sorte de Zeus en robe de magistrat.

Mais en réalité, c'était juste un juge qui me regardait par-dessus ses lunettes, comme un instituteur prêt à réprimander un élève pris en flagrant délit de chewing-gum en classe.

Il me demande, d'un ton faussement bienveillant, si j'ai bien compris les accusations. Parce que oui, apparemment, dans ce cirque, c'est à moi de confirmer que j'ai saisi le scénario. Puis, il jette un œil complice à l'avocate générale : « N'ayez pas peur de répondre, c'est elle qui vous accuse aussi. »

Ah, merci pour le conseil, vraiment. Ça met tout de suite en confiance.

Accusations, illusions, sous-entendus, chronique du flou judiciaire absolu

Et là, le festival commence.

On entre dans un récit interminable, un véritable roman-feuilleton qu'on aurait allègrement refusé à la publication pour manque de crédibilité.

C'était très différent de la première audience, plus dramatique, plus grandiloquent.

Madame et Monsieur, paraît-il, n'avaient plus partagé de moments intimes depuis 2012. Un détail jeté comme une grenade, bien sûr. Parce que quoi de mieux pour démolir quelqu'un que de parler de sa vie de couple devant une audience entière ?

Et puis, la pièce maîtresse : Monsieur, donc moi, aurait commis des actes horribles sur les filles de Madame, s'il faut en croire le scénario. Des faits incroyables, hallucinants, s'étalant sur des années.

Je devais me pincer pour ne pas éclater de rire ou de désespoir.

Je tique, forcément.

Plus de relations depuis 2012 ? Ah, tiens donc ! On me refait l'histoire, là. Alors expliquez-moi, chers auteurs de cette tragédie grotesque, pourquoi cet appel à l'urologue en mai 2013 pour une inversion de vasectomie ? Une envie soudaine d'expérimenter la science médicale, peut-être ?

Et ce fameux dernier coït avant de prendre la tangente, on le place où dans la chronologie ?

Ah, c'est gênant, hein, les détails qui ne collent pas.

Et ces fameux abus sur plusieurs années, alors ? Comment se fait-il que, miraculeusement, la fille ait soudainement acquis tout le vocabulaire nécessaire pour déposer plainte, précisément la veille, grâce à un cours à l'école ? Quel timing, vraiment ! Une coïncidence à faire pâlir un scénariste de série B.

Et on fait quoi de ses discussions avec sa tante sur ce sujet bien avant ce cours providentiel ? C'est fascinant, toutes ces pièces du puzzle qui refusent obstinément de s'imbriquer.

Le récit suinte l'incohérence à chaque phrase, mais tout le monde préfère jouer à l'aveugle. Apparemment, ça aide à dormir la nuit.

Ah, la violence conjugale, ce grand fourre-tout vaguement évoqué, comme un fond sonore dans un mauvais film !

Ils prétendent s'en tenir aux faits pertinents, bien sûr. Mais bizarrement, toutes les remarques vraiment importantes restent soigneusement esquivées, comme si elles portaient la peste.

On agite des mots-clés, on laisse planer des sous-entendus, mais répondre clairement ? Ah non, ça, c'est trop demander.

Et puis, soyons honnêtes, on parle de violence conjugale alors que le terme juste aurait été violence familiale.

Une nuance qui change tout, non ? Peut-être aurait-il été pertinent de se demander d'où venait vraiment cette violence.

Mais non, trop compliqué, sans doute. On préfère ignorer le climat de terreur qui a duré jusqu'à la fin de 2019, bien après mon départ, comme par magie, au domicile de la mère.

Et ce n'est que lorsque les enfants se sont plaints à l'assistante sociale de l'école que le château de cartes a commencé à s'effondrer.

CQFD, mesdames et messieurs.

Mais qui veut vraiment des réponses, hein, quand les apparences suffisent à condamner ?

Et voilà que l'avocate générale, dans un élan de lucidité feinte, ose mentionner cette procédure interminable.

Ah, c'est vrai, en 2018, on piétinait joyeusement. Aucun progrès, rien, nada.

Mais attention, pas trop de détails, hein, parce que sinon il faudrait aussi admettre que même la grande Victime avait fini par perdre patience. Elle s'était plainte sur Facebook, la pauvre. Oui, sur ce bon vieux réseau social, vitrine des frustrations modernes. Elle y déplorait cette justice aussi efficace qu'une moule hors de l'eau.

Mais évidemment, cette publication devait être soigneusement oubliée, rangée au placard des inconfortables vérités. Ou, si vraiment on devait en parler, il fallait la réduire à une note de bas de page insignifiante.

Bien joué, vraiment.

Et toutes ces accusations, me direz-vous ? Oh, elles avaient beau être vagues comme une promesse de politicien, elles n'en étaient pas moins dévastatrices.

Comme une pluie acide : on ne voit pas tout de suite les dégâts, mais ça ronge, doucement, méthodiquement. On accuse, on insinue, on laisse le poison faire son œuvre.

Pas besoin de clarté ou de preuves, juste un bon vieux flou artistique.

C'est efficace, voyez-vous, et tellement moins fatigant que de chercher la vérité.

Entre lampes torches et rideaux de fumée, un procès à géométrie variable

Alors, quand vient mon tour, je m'y colle, bien sûr.

Toutes ces contradictions, je les balance comme un joueur désespéré qui mise tout sur une main perdue d'avance.

Le juge me demande si j'ai des éléments à répliquer ? Oh que oui, j'en ai. Je parle de cette fameuse violence familiale, de cette soi-disant absence de relations intimes, et de tout le reste.

Et là, la réponse tombe, implacable : tout ça, monsieur, ça relève du divorce, pas de l'affaire en cours. Pardon ? Même si tout cela est faux ? Même si, pour la énième fois, je répète que si la fille a subi quelque chose, c'était certainement avec quelqu'un d'autre, pas avec moi ?

Non, on balaie tout ça d'un revers de main. Le juge a parlé, donc circulez, y'a rien à voir.

De l'autre côté, l'avocate de Madame joue sa partition avec une simplicité désarmante. Elle connaît parfaitement les raisons pour lesquelles ce divorce s'est éternisé, mais elle ne s'en soucie pas.

Pourquoi le ferait-elle ?

Elle se contente d'acquiescer servilement au récit de l'avocate générale.

Peu importe ce qu'on explique ou ce qu'on démontre, tant que cela condamne l'autre camp, ça suffit. Pas besoin de chercher l'originalité, ni même de produire de nouveaux arguments.

Elle réclame un jugement basé sur la croyance, pas sur les faits.

C'est plus rapide, plus pratique.

Le bûcher est prêt, il ne reste qu'à y jeter l'allumette.

Puis vient le plaidoyer de mon avocate.

Quinze pages soigneusement préparées, qu'elle commence à lire avec la conviction d'un soldat partant à la guerre.

Mais bien sûr, le juge l'interrompt. Pas de temps à perdre avec les personnages ou la question de la violence. Ce n'est pas comme si c'était crucial, après tout.

Déstabilisée mais tenace, elle reprend son récit avec un mélange admirable de courage et de détermination.

Elle met en lumière les incohérences comme on met des lampes torches sur des ombres suspectes.

Elle souligne que si le parquet décide de faire appel en cassation et parvient à faire annuler cette procédure pour vice, tout devra être recommencé. Et cette fois, les deux psychologues témoigneront. Ils diront que mes enfants, vivant chez leur mère jusqu'en mai 2020, n'avaient absolument aucune idée de ce qui se passait. Ils ne savaient pas « qu'il y avait un problème. »

Une simple contrariété de plus dans le récit mouvant de mes accusateurs.

Elle termine sur une question assassine : quelle version nous servira-t-on lors d'un éventuel prochain appel ? Laquelle faudra-t-il croire, si chaque avocate générale décide de réinventer l'histoire à sa sauce ?

Une question aussi pertinente que dérangeante, mais qui, dans cette arène, restera probablement sans réponse. On est ici pour condamner, pas pour réfléchir.

La vérité éclate : libre, mais pas du poids des illusions

Après trois heures de ce spectacle judiciaire aussi captivant qu'un épisode raté de télé-réalité, le juge, avec une aimable lassitude, m'invite à conclure.

Je ne me fais pas prier. Je lance un regard appuyé à l'avocate générale, un sourire en coin, et je lâche : « Alors, on est bien d'accord qu'il est impossible de dater les téléchargements de photos, hein ? »

Le juge, soudain curieux, hoche la tête comme si je venais de lui révéler un secret d'État.

Alors, j'enfonce le clou : « Fascinant, non ? On efface les dates, on fait disparaître les preuves, et personne ne sait rien ! Pas mal, sauf que ça laisse des traces, et devinez quoi ? Elles sont sur le disque dur gentiment laissé au mari. Pratique pour le faire plier, non ? »

Le juge, pas vraiment charmé par mon ton, me demande sèchement si j'ai terminé mon « numéro ».

L'audience est levée, et moi, je ne regrette rien. Petite vengeance mesquine, sans doute, mais méritée, au vu du banc en bois qui m'a massacré le dos pendant toute la séance. Sérieusement, ils choisissent les meubles pour leur potentiel à briser l'esprit des accusés ?

Tout ça, ce théâtre, ce changement de version, c'est une stratégie bien rodée. Une tactique pour me prendre à contrepied, pour que je ne sois pas prêt à répliquer.

Mais à quoi bon ?

Tout ce qu'ils ont gagné, c'est de dilapider un peu plus d'argent public dans une tentative grotesque de sauver la face de quelques personnes malhonnêtes.

L'appel ? Heureusement, pas de surprise. Confirmation du premier jugement.

Mais le vrai trésor, l'ordinateur familial, est toujours tranquillement entre les mains de la police. Impossible de jouer au détective, de fouiller dans cette boîte de Pandore pour trouver des e-mails qui puaient la fabrication de preuves ou découvrir l'identité de ses complices dans ce cirque infernal.

Oui, ça sent la bande organisée, mais qu'est-ce que je peux y faire ?

Maintenant, je suis libre.

Pas inculpé, même si le parquet décide de jouer les prolongations en cassation. Libre de marcher droit dans un monde tordu.

Et surtout, libre de continuer à me battre pour ces enfants, broyés par cette existence détraquée.

Bien sûr, les politiciens qui me soutenaient jadis se sont volatilisés comme des ombres au lever du jour. Trop d'odeur de soufre, trop de risques pour leur petite image.

Ils préfèrent détourner le regard, prétendre que rien ne s'est passé.

Et elle, l'autre, elle va remettre son éternel costume de Victime, bien repassé pour l'occasion.

Parce que rien ne calme une culpabilité mal placée comme une bonne vieille injustice jouée à la perfection.

Quant à ceux qui avaient gobé la première version ?

Ah, ils y ont cru de tout leur cœur. Ils avaient peint le tableau du « commerçant au sourire diabolique », celui qui illuminait le jour mais martyrisait sa femme la nuit.

Maintenant que la vérité commence à pointer le bout de son nez, ils détournent les yeux, refusant de regarder en face la supercherie. Ils préfèrent le doute, cette douce illusion qui leur permet de ne pas admettre qu'ils se sont fait rouler.

Parce que, soyons honnêtes, il est plus facile de croire à un mensonge bien ficelé qu'à une vérité qui dérange.

Divorce 2.0 ou l'art de briser sans preuve : quand l'ombre d'un doute écrase la lumière de la vérité

Ce récit, fresque sombre et captivante, met à nu les rouages pervers des manipulations qui gangrènent les procédures de divorce.

Il révèle la facilité effrayante avec laquelle certains s'arrogent non seulement les biens mais aussi les existences de ceux qu'ils cherchent à annihiler.

Ah, et même lorsque vous compilez des preuves solides, attendez-vous à ce que la partie adverse s'extirpe comme une anguille savonneuse.

Le plus grotesque ? Après tout ce cirque, il n'y a toujours aucune preuve tangible de ma culpabilité. Rien, pas même un petit e-mail salace ou une vidéo compromettante.

Avec tout cet espionnage, elle aurait dû trouver quelque chose, non ?

Mais non, rien ! Juste un divorce médiéval en costumes modernes !

Ce qui me fascine encore plus, c'est leur désinvolture.

À aucun moment ils n'ont demandé une analyse approfondie de l'ordinateur. Curieux, non ? Comme s'ils savaient pertinemment que fouiller là-dedans risquait de dévoiler une vérité beaucoup trop gênante.

Et pourquoi réclamer la saisie d'autres appareils, tant qu'on y est ? Non, non, surtout pas ! Il ne faudrait pas que les mensonges s'effondrent comme un château de cartes mal assemblé.

Le minimum aurait été de demander des preuves claires et solides. Mais pourquoi s'encombrer ? Dans cette pièce de théâtre, les détails sont une perte de temps.

Et la famille, parlons-en ! Enfin, ce qu'il en reste.

Au printemps 2024, chacun continue de se rejeter la faute, comme des enfants se disputant un jouet cassé. La destruction n'en est qu'à ses débuts. Qui sera le prochain sur la liste des accusés ?

Un ancien moine défroqué, peut-être, ou un passant qui aurait eu le malheur de croiser son chemin.

Cette histoire semble sans fin, une spirale descendante où personne ne ressort indemne.

Quand la vérité éclaire les ténèbres, les masques tombent... mais les regards restent

Pourtant, il y a toujours un espoir.

Une quête de résilience, un chemin semé d'embûches mais réel.

Reconstruire après une telle tempête demande une force herculéenne, mais c'est faisable. Avec courage, ténacité, et l'appui de ceux qui comprennent vraiment, il est possible de retrouver un semblant de lumière.

Peut-être même est-il temps de raviver la solidarité entre les hommes, un collectif qui dénoncerait les fausses accusations, un rempart contre les injustices qui pullulent dans ces affaires familiales.

La justice, après tout, devrait être le sanctuaire de la vérité, pas le terrain de jeu des manipulations et des préjugés.

Ce chemin de reconstruction, je le prendrai. Pas par choix, mais par nécessité. Je n'ai jamais demandé à vivre ce cauchemar.
Mais le prix de la dignité est élevé, et il est juste de récupérer ce que le diable m'a arraché.
Oui, l'État a fait des erreurs. Des erreurs énormes, qui ont broyé ma vie et celle de mes enfants.
Maintenant, il est temps qu'il assume et répare.
Comme le dit l'enfant dans le conte, quelqu'un doit bien finir par crier que le roi est nu.

Et les enfants, dans tout ça ? Leur bien-être, cette notion sacrée qu'on brandit à tout-va ? Évanoui, dissous dans cette mascarade !
Huit ans de vie commune, tant de moments partagés, et pourtant, rien de cela ne semble compter. Peu importe combien on se bat, combien on souffre, cela ne suffira jamais dans ce monde où la cruauté règne en maître.
Peut-on blâmer les jeunes qui fuient le mariage ? Quand on voit à quel point des personnes, aveuglées par leur propre malveillance, peuvent transformer la vie en enfer, le désenchantement est presque une preuve d'intelligence.

Et que dire de la Victime ? Ah, cette ingéniosité sans fin !
Pour éviter une saisie sur salaire destinée à ses propres enfants, elle a opté pour un congé sans solde. Une stratégie brillante pour s'appauvrir officiellement tout en gardant la porte ouverte pour un retour confortable.

En attendant, cinq euros par mois par enfant, c'est tout ce qu'elle peut « offrir ». Quelle générosité éclatante !

Mais qu'importe. La réalité, tôt ou tard, rattrape même les coureurs les plus rapides.

Son objectif ? Récupérer la maison de ses parents.

Mais le karma a son humour : eux aussi semblent bien décidés à sauver leur mise en vendant ce bien. Peut-être même cachent-ils les bénéfices sur des comptes secrets, histoire que mes enfants ne voient jamais un centime.

Tels parents, telle fille, non ? C'est une boucle parfaite, un retour de manivelle exquis.

Pourtant, le vrai supplice pour elle, pour eux, ce sera de vivre chaque jour avec le regard de ceux qui ont compris.

Ceux qui savent.

Pas besoin de tribunaux ou de verdicts : le jugement des autres est implacable, silencieux, et éternel.

Alors bonne chance à elle, à eux.

Longue vie.

Parce qu'il faudra bien tout ce temps pour affronter les conséquences de leurs actes.

Le rideau des mensonges est tombé :
À chacun sa lumière, à chacun son théâtre

Nous avons pris soin de laisser les lieux, les noms et les activités professionnelles dans l'ombre, afin de ne déranger personne... Du moins officiellement.

Chacun sera libre, s'il le souhaite, de se mettre volontairement sous la lumière des projecteurs pour contredire nos dires et imposer une autre vérité, la sienne, voire pour attaquer l'auteur.

Bonne chance aux contradicteurs et grand bien leur fasse ! Après tout, certains s'en donnent à cœur joie lorsqu'il s'agit de réécrire les faits à leur avantage.

www.ingramcontent.com/pod-product-compliance
Lightning Source LLC
Chambersburg PA
CBHW071418210526
45465CB00001B/451